新媒体可视化科学教育丛书

化学反应原理
Principles of Chemical Reaction

李晋凯　徐奇智 / 主　编
储松苗 / 副主编

中国科学技术大学出版社

内容简介

本书以《普通高中化学课程标准（2017年版）》为编写依据，内容包括"化学反应与能量变化""化学反应速率与化学平衡""水溶液中的离子平衡"三章，每章精选部分经典例题，并进行深度剖析。该书的特色之处在于应用3D结构模拟、CG动画、AR交互等数字媒体技术以及微距摄影、红外摄影等摄影技术，展现宏观的化学现象与操作，模拟难以观察的微观结构与过程，将抽象复杂的化学理论可视化，同时用哲学的思维方式思考化学问题，让学生在解决疑难问题的同时感受化学带来的乐趣。

图书在版编目（CIP）数据

化学反应原理/李晋凯，徐奇智主编. —合肥：中国科学技术大学出版社，2019.11
（2024.9重印）
（新媒体可视化科学教育丛书）
ISBN 978-7-312-04792-3

Ⅰ. 化… Ⅱ. ①李… ②徐… Ⅲ. 中学化学课—高中—教学参考资料 Ⅳ. G634.83

中国版本图书馆CIP数据核字(2019)第221108号

出版	中国科学技术大学出版社 安徽省合肥市金寨路96号，230026 http://press.ustc.edu.cn https://zgkxjsdxcbs.tmall.com
印刷	安徽国文彩印有限公司
发行	中国科学技术大学出版社
经销	全国新华书店
开本	787 mm × 1092 mm 1/16
印张	9.75
字数	180千
版次	2019年11月第1版
印次	2024年9月第7次印刷
定价	58.00元

编 委 会

主　编　李晋凯　徐奇智

副主编　储松苗

委　员　孙曙辉　陈文清　戴会灵

　　　　　王立那　陈　锐　陈中燕

　　　　　张　春　吴传锋　李增涛

前　言

当你打开这本书时，恭喜你，你已经进入了一个全新的视听化学世界！

化学是一门极为有趣的学科，作为一个忠实的化学爱好者，我本人从初中就开始自学化学竞赛，本科、研究生阶段更是毅然决然地选择了化学专业。从教以来，我不断探索化学教学与学习方法，在日常教学过程中尝试信息化变革，并自行编写了十几本独家讲义，取得了很好的教学效果。

在许多学生看来，化学就是一门需要记忆的学科，认为只要将课堂上老师所讲的内容记住，就可以应付一切考试了。可是真到了"对付"习题之时，却发现似乎并不是那么回事。诚然，学习化学确实需要记忆，但更重要的是要深入思考：一个反应为什么可以发生？什么样的生成物更符合实际情况？为什么反应条件的改变会导致产物千差万别？两个看起来完全不同的物质因何有着相似的化学性质？……这些问题都可以归为一大类——化学反应原理。

化学反应原理是对学生高一阶段所学习的元素化合物性质进行的总结与升华，在历年高考中占有非常大的比例，而这一部分知识或许就困扰着你。我一直希望将自己的化学思维方式和习题解答技巧与诸君共享，因此整理了数年来自行编写的讲义，写成了这本书。

本书共分为"化学反应与能量变化""化学反应速率与化学平衡""水溶液中的离子平衡"三章，每章教材精析和习题精讲穿插进行。极具特色与创新的是，本书将化学反应原理同哲学紧密结合，用哲学的思维方式去思考化学问题，使得原本较难理解的内容变得浅显易懂，同时又结合了数字化媒体新技术，方便学生利用数字化设备直观地观察一些反应的现象和微观动态模拟。本人更是精选了诸多经典例题，并进行深度剖析，解决学生们学习过程中的"疑难杂症"的同时更让学生们感受到解题的乐趣。

本书在编写过程中得到了中国科学技术大学先进技术研究院的大力支持，在此表示衷心的感谢！由于本人水平有限，书中难免有疏漏之处，敬请各位读者指正。

李晋凯

2019年9月于合肥一中

目 录

前言 / I

第 1 章 化学反应与能量变化 / 1

1.1　化学反应与热能 / 2
1.2　化学反应与电能 / 18
章末总结 / 52

第 2 章 化学反应速率与化学平衡 / 53

2.1　化学反应速率 / 54
2.2　影响化学反应速率的因素 / 59
2.3　化学平衡 / 66
2.4　化学平衡的应用 / 81
2.5　化学反应进行的方向 / 95
章末总结 / 98

第 3 章 水溶液中的离子平衡 / 99

3.1　溶液中分子和离子的常见行为 / 100
3.2　弱电解质的电离 / 107
3.3　水的电离和溶液的酸碱性 / 115
3.4　盐类的水解 / 130
3.5　难溶电解质的溶解平衡 / 142
章末总结 / 148

第 1 章 化学反应与能量变化

元素化合物的绚丽变化渐渐归于沉寂,
门捷列夫发现的伟大规律也深深印入脑海。
当一切归于平静时,
你是否听见了粒子碰撞的声音?
能量转化,分子力作用,
斗转星移,沧海桑田。
侧耳倾听,你就会发现化学的本质——
旧键的断裂和新键的生成。

1.1 化学反应与热能

我们曾学习过质量守恒定律，知道自然界中不同的物质可以发生转化，并且总质量保持不变；同样，不同形式的能量也可以发生相互转化，转化的途径和能量的形式可以不同，但体系的总能量保持不变，这就是能量守恒定律。质量守恒定律和能量守恒定律是两条基本的自然定律。伴随着能量变化是化学反应的基本特征之一，化学物质中的化学能通过化学反应转化成热能，提供了人类生存和发展所需要的能量和动力；而热能转化为化学能又是人们进行生产的必要条件和途径。

1.1.1 化学反应的热效应

化学反应过程中不仅有物质的变化，同时还伴随着能量的变化，并可以热能、电能或光能等形式表现出来。化学能是能量的一种形式，可以转化为其他形式的能量，当化学反应中的能量变化以热的形式表现时，我们把反应分为放热反应和吸热反应。

1. 放热反应和吸热反应

物质总是具有一定的能量，这是物质固有的属性，是不以人的意志为转移的。对于某一化学反应而言，如果反应物所具有的总能量较高，而生成物所具有的总能量较低，那么该化学反应对外放出能量，我们把它叫作放热反应（exothermic reaction）。这就好比水从高处流向低处，重力势能减小，对外放出能量。

相反，如果反应物所具有的总能量较低，而生成物所具有的总能量较高，那么该化学反应就需要从外界吸收能量，我们把它叫作吸热反应（endothermic reaction）。化学反应总是伴随着能量的变化，目前还没有发现既不放热也不吸热的反应。因此，目前可以认为，一个化学反应不是放热反应，就是吸热反应，如图1.1所示。

我们知道，物质中的原子或离子之间是通过化学键相结合的，从化学键的角度来看，化学反应的本质是旧化学键的断裂和新化学键的生成。如图1.2所示，当物质发生反应时，断裂旧键需要外界提供能量，即吸收能量；而形成新键是和断裂旧键相反的过程，需要放出能量。

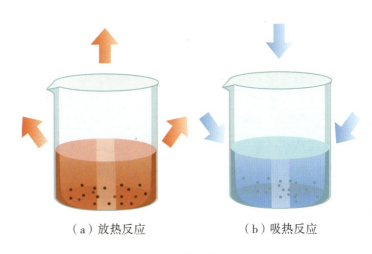

放热反应与吸热反应 | 图1.1

在化学反应中，既有反应物中化学键的断裂，也有生成物中化学键的形成。一个化学反应到底是吸热的还是放热的，取决于断裂旧键吸收的能量（记为Q_1）和形成新键放出的能量（记为Q_2）的相对大小，如图1.3所示。

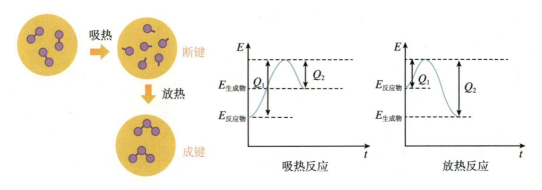

断键与成键 | 图1.2　　　　化学反应过程中的能量变化 | 图1.3

因此，判断反应吸热还是放热有两种方法：

一是比较反应物总能量和生成物总能量的相对大小；

二是比较反应物化学键总键能和生成物化学键总键能的大小。

我们不太容易测出反应物或者生成物具有的总能量，所以前者应用得不多。而测量化学键键能的方法则比较方便且实用，因此经常会有一些利用键能判断反应吸放热的习题，在此举一例如下。

【例1.1】一定条件下，在CO_2与足量C反应所得平衡体系中加入H_2和适当催化剂，有下列反应发生：

$$CO(g) + 3H_2(g) = CH_4(g) + H_2O(g)$$

已知298 K时相关化学键的键能数据如下：

化学键	H—H	O—H	C—H	C≡O
$E/(kJ/mol)$	436.0	462.8	413.4	1075.0

则该反应放热还是吸热？1 mol CO参与反应，放出/吸收多少热量？

【解析】设有1 mol CO参与反应，则同时消耗3 mol H_2，生成1 mol CH_4和1 mol H_2O。

旧键断裂吸收的能量为$1075.0 + 3 \times 436.0 = 2383.0$（kJ）；

生成新键放出的能量为$4 \times 413.4 + 2 \times 462.8 = 2579.2$（kJ）。

我们可以看到，生成新键放出的能量比旧键断裂吸收的能量多，那么总体来说这个反应就是放热的。1 mol CO参与反应，放出热量（2579.2 − 2383）kJ = 196.2 kJ。

通过这个例子可以发现，我们既可以利用键能的数据判断反应吸热还是放热，又可以在已知反应能量变化的情况下计算某些化学键的键能。

2. 常见的放热反应和吸热反应

在这里我们列举一些常见的放热反应和吸热反应。

放热反应：绝大多数的化合反应（图1.4），金属与酸的反应，酸碱中和反应，燃烧。

吸热反应：绝大多数的分解反应（图1.5），铵盐与碱的反应，绝大多数以碳、氢气、一氧化碳为还原剂的非燃烧反应（例如氢气还原氧化铜）。

在高中阶段接触到的化合反应中，有一个吸热反应值得

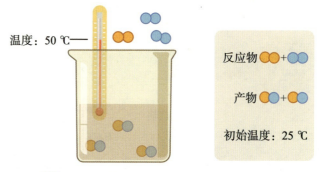

▶ 视频　放热反应——化合反应｜图1.4

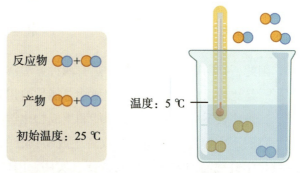

▶ 视频　吸热反应——分解反应｜图1.5

注意，那就是氮气和氧气化合成一氧化氮的反应，反应方程式为

$$N_2 + O_2 \xrightarrow{\text{放电或高温}} 2NO$$

而NO分解为N_2和O_2就是放热反应。上面总结的吸热与放热判定方法在高中阶段适用性比较强。

那么，我们是如何知道一个化学反应是放热的还是吸热的呢？通过实验，我们可以直接感受反应的温度变化，也可以利用温度计测量。有一个非常经典的实验，即水合氢氧化钡和氯化铵的反应，如图1.6所示，反应方程式为

视频　水合氢氧化钡和氯化铵反应 | 图1.6

$$Ba(OH)_2 \cdot 8H_2O + 2NH_4Cl = BaCl_2 + 2NH_3\uparrow + 10H_2O$$

如果环境温度适宜，并且药品用量合适，则可以看到烧杯和玻璃片之间的水结成了冰。这就是典型的吸热反应。

需要注意的是，化学反应放热还是吸热与反应条件没有任何关系，仅仅取决于反应物和生成物能量的相对大小。反应条件只能说明一个化学反应的难易程度，与吸热还是放热是没有关系的。

【例1.2】氢气在氯气中燃烧时会产生苍白色火焰。在反应过程中，破坏1 mol氢气中的化学键消耗的能量为Q_1 kJ，破坏1 mol氯气中的化学键消耗的能量为Q_2 kJ，形成1 mol氯化氢中的化学键释放的能量为Q_3 kJ。下列关系式正确的是（　　）。

A. $Q_1 + Q_2 > Q_3$　　　　　　B. $Q_1 + Q_2 > 2Q_3$
C. $Q_1 + Q_2 < Q_3$　　　　　　D. $Q_1 + Q_2 < 2Q_3$

【解析】该反应的化学方程式为

$$H_2 + Cl_2 \xrightarrow{\text{点燃}} 2HCl$$

旧键断裂吸收的能量为$(Q_1 + Q_2)$ kJ；
生成新键放出的能量为$2Q_3$ kJ。

由于燃烧是一个放热反应，所以生成新键放出的能量比断裂旧键吸收的能量要多，即$Q_1 + Q_2 < 2Q_3$，故D项正确。

【例1.3】化学反应可视为旧键断裂和新键形成的过程。化学键的键能是形成（或断开）1 mol化学键时释放（或吸收）的能量。已知白磷和P_4O_6的分子结构如图1.7所示。

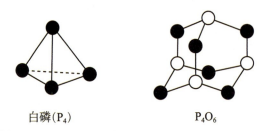

白磷和P_4O_6的分子结构 | 图1.7

现提供以下化学键的键能（kJ/mol）：

$$P-P：198, \quad P-O：360, \quad O=O：498$$

则1 mol P_4（白磷）在氧气中燃烧生成P_4O_6的能量变化为（　　）。

A. 放热1638 kJ　　　　　　B. 吸热1638 kJ

C. 放热126 kJ　　　　　　D. 吸热126 kJ

【解析】该反应的化学方程式为

$$P_4 + 3O_2 \xrightarrow{\text{点燃}} P_4O_6$$

根据分子结构示意图，可知1 mol P_4含有P—P键6 mol，1 mol P_4O_6含有P—O键12 mol，则：

旧键断裂吸收的能量为$6 \times 198 + 3 \times 498 = 2682$（kJ）；

生成新键放出的能量为$12 \times 360 = 4320$（kJ）。

因此，该反应放出热量$(4320 - 2682)$ kJ$= 1638$ kJ，故A项正确。

1.1.2　化学反应的焓变

化学反应的热效应是由于反应前后物质所具有的能量的不同而产生的，物质所具有的能量可以用一个物理量来描述，即焓（enthalpy），用焓的变化即焓变（enthalpy change）来描述化学反应的反应热。

1. 焓与焓变

初学者看到"焓"这个字一定会觉得十分奇怪,"焓"是个什么东西?

这种带火字旁的生僻字,大多来源于明朝朱元璋的族谱,如"烯""炔""熵"等,可以说,朱氏家族对化学的发展做出了不小的贡献。

言归正传,通俗来说,"焓"可以简单理解为前面所说的"物质具有的能量"。它的符号是H(对应英文单词heat),单位是kJ/mol。而"焓变"就可以简单理解为前文提及的"化学反应过程中的能量变化"(图1.8),符号是ΔH,单位依然是kJ/mol。

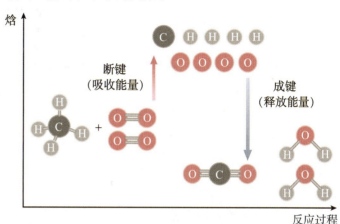

化学反应与能量变化 | 图1.8

需要注意的是,焓变的定义相比于能量变化更加严格一些。

首先,焓变要求是恒压反应的能量变化。由于绝大多数的化学反应是恒压反应,也就是所谓的敞口体系,与外界大气相通,因此焓变在化学领域有着很广泛的适用性。

其次,"Δ"这个符号表示"变化"。从数学表达式上来看,是指后者减去前者,即$\Delta H = H_{生成物} - H_{反应物}$,这个顺序需要注意。因此,如果一个化学反应的$\Delta H < 0$,则该反应为放热反应;如果一个化学反应的$\Delta H > 0$,则该反应为吸热反应。如图1.9所示。

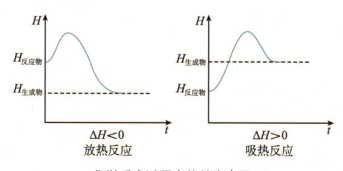

化学反应过程中的焓变 | 图1.9

知识拓展

焓的物理意义

其实焓与焓变有着更深层次的物理意义,下面的推导过程告诉了大家焓的由来。

在一个恒压容器中(如图1.10所示,活塞可以自由移动)充入反应物,初始状态如图(a)所示;反应结束后,状态如图(b)所示。设活塞的横截面积为S,我们来讨论这个过程中体系内能U的变化。

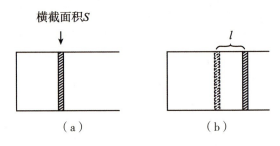

恒压容器示意图 | 图1.10

在物理学中,内能的变化$\Delta U = Q + W$,其中Q代表体系与外界的热量交换,也就是吸放热情况,W代表做功的值。如果体系对外做功,则自身内能降低;如果外界对体系做功,则体系内能升高。

在图(a)变到图(b)的过程中,我们可以看到,活塞被推出了l的距离,这是体系对活塞做功的表现。那么做了多少功?设外界压强为p,则内部气体压强也为p,活塞受到的力$F = pS$,位移大小为l,故体系对活塞做的功$W = Fl = pSl = p(V_2 - V_1)$。

若体系对活塞做功,则体系自身内能要降低,因此

$$\Delta U = Q - p(V_2 - V_1)$$

即

$$U_2 - U_1 = Q - p(V_2 - V_1)$$

移项,得

$$(U_2 + pV_2) - (U_1 + pV_1) = Q$$

令

$$H = U + pV$$

则$H_2 - H_1 = Q$,即ΔH。

其实,焓H就是一个与物质内能U相关的物理量,综合考虑了压强和体积的因素。更多内容可查阅大学教材《物理化学》(高等教育出版社,2017),此处不再赘述。

2. 热化学方程式

理解了焓变的概念之后,我们现在要学习一种特殊的方程式,它既可以表示化

学反应，又可以表示这个反应的能量变化，即放出多少能量或吸收多少能量，这就是热化学方程式（thermochemistry equation）。例如：

$$2H_2(g) + O_2(g) == 2H_2O(l) \quad \Delta H = -571.6 \text{ kJ/mol}$$

热化学方程式与普通化学方程式有一定的区别，主要有以下三点：

第一，每个物质必须标明状态（固态s，固体的英文单词solid的首字母；液态l，液体的英文单词liquid的首字母；气态g，气体的英文单词gas的首字母；溶液aq，水溶液的英文词组aqueous solution的缩写）。物质状态的变化也会影响能量变化，例如生成气态水和液态水，能量变化是不同的，气态水变为液态水要放热，液态水变为气态水要吸热，如图1.11所示。

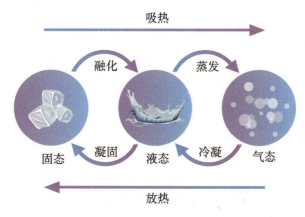

水的三态变化中的能量变化 | 图1.11

第二，"点燃""通电"之类的反应条件不用书写。这是因为焓变只与物质的始态和终态有关，与这些引发反应的条件是没有关系的。但是，有两个因素会影响到反应物和生成物的焓，那就是反应物和生成物所处的温度和压强。如果有特殊的温度和压强，就需要在等号上方标出，如果不标，则默认25 ℃和101 kPa。注意，这里并不是表示该反应在25 ℃和101 kPa下发生，而是指反应前反应物处于25 ℃和101 kPa下，反应后生成物也处于25 ℃和101 kPa下。对于上述例子来说，燃烧过后要恢复至室温，才能准确地测量出该反应的焓变。

第三，ΔH的单位是kJ/mol，后面的"每摩尔"指的是每摩尔"该反应"，即每2 mol气态氢气和1 mol气态氧气反应生成2 mol液态水，放热571.6 kJ。不难理解，如果书写时系数改变了，则ΔH的数值就要跟着发生相应的变化（图1.12）。

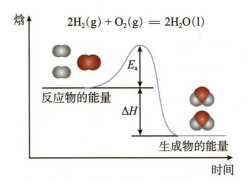

氢气与氧气反应过程中的焓变 | 图1.12

$$2H_2(g) + O_2(g) = 2H_2O(l) \quad \Delta H = -571.6 \text{ kJ/mol}$$
$$H_2(g) + \frac{1}{2}O_2(g) = H_2O(l) \quad \Delta H = -285.8 \text{ kJ/mol}$$

除此之外，务必要注意正负号：正号表示反应吸热，负号表示反应放热。而进行ΔH的大小比较时，要带上正负号进行比较。例如：

$$2H_2(g) + O_2(g) = 2H_2O(l) \quad \Delta H_1$$
$$2H_2(g) + O_2(g) = 2H_2O(g) \quad \Delta H_2$$

生成气态水比生成液态水放热要少（第一个方程生成液态水后，再变为气态水，这个过程是吸热的，故第二个方程放热较少），因此$|\Delta H_2| < |\Delta H_1|$；而$\Delta H_2$和$\Delta H_1$均小于0，因此$\Delta H_2 > \Delta H_1$。

3. 盖斯定律

1836年，俄国化学家盖斯（图1.13）通过大量实验证明，对于某一个化学反应，在定压或定容条件下，不论是一步完成还是分几步完成，其反应热都是相同的，即总反应方程式的焓变等于各个分步反应按一定系数比加和的焓变，这就是著名的**盖斯定律**（Hess's law）。

盖斯定律可以用数学语言表述为：

若方程式1 = a × 方程式2 + b × 方程式3 + c × 方程式4 + ⋯（设方程式1，2，3，4，⋯的焓变分别为ΔH_1，ΔH_2，ΔH_3，ΔH_4，⋯），则$\Delta H_1 = a \times \Delta H_2 + b \times \Delta H_3 + c \times \Delta H_4 + \cdots$，如图1.14所示。

盖斯（G. H. Germain Henri Hess）| 图 1.13

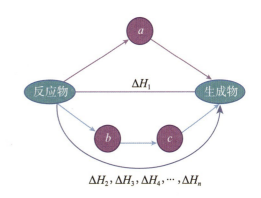

盖斯定律 | 图 1.14

即化学反应的反应热只与反应体系的始态和终态有关，而与反应的途径无关。

> **主编寄语**
>
> 盖斯定律是历年高考的考查重点，解题关键是要先找到化学反应之间的关系，然后计算出相应的焓变数值。一般的考法是：已知几个完整的热化学方程式，即"已知方程"，要求写出另一个热化学方程式，即"目标方程"，或者计算焓变。

【例1.4】黑火药是中国古代的四大发明之一，其爆炸时的热化学方程式为

$S(s) + 2KNO_3(s) + 3C(s) = K_2S(s) + N_2(g) + 3CO_2(g)$ $\Delta H = x\,\text{kJ/mol}$ ①

已知

$C(s) + O_2(g) = CO_2(g)$ $\Delta H_1 = a\,\text{kJ/mol}$ ②

$S(s) + 2K(s) = K_2S(s)$ $\Delta H_2 = b\,\text{kJ/mol}$ ③

$2K(s) + N_2(g) + 3O_2(g) = 2KNO_3(s)$ $\Delta H_3 = c\,\text{kJ/mol}$ ④

则 x 为（　　）。

A. $3a + b - c$　　B. $c - 3a - b$　　C. $a + b - c$　　D. $c - a - b$

【解析】解这道题的关键，就是把这四个方程式看成数学上的方程组，找出目标方程①和另外三个已知方程的数量关系，则相应的焓变值也就可以计算出来了。这里介绍一种简单的方法，叫作"特征物质定位法"，它能帮助我们快速找出目标方程和已知方程之间的关系，具体操作如下：

（1）所谓"特征物质"，是指目标方程中的物质，在已知方程里仅仅出现一次的。例如，目标方程①中的$S(s)$、$KNO_3(s)$、$C(s)$、$K_2S(s)$、$N_2(g)$、$CO_2(g)$在已知三个方程中都仅仅出现一次，它们都属于我们要找的特征物质。

（2）依次检索特征物质，利用特征物质的位置和系数来确定相应已知方程的系数和符号，进而顺利求出目标方程的ΔH。例如：

$S(s)$是特征物质，它在方程③中出现。在方程③中，它在等号左边，系数为1；在目标方程中，它也在等号左边，系数也为1，则

$$\Delta H = \Delta H_2 + \cdots$$

$KNO_3(s)$是特征物质，它在方程④中出现。在方程④中，它在等号右边，系数为2；在目标方程中，它却在等号左边，系数也为2，则

$$\Delta H = \Delta H_2 - \Delta H_3 + \cdots$$

$C(s)$是特征物质，它在方程②中出现。在方程②中，它在等号左边，系数为1；在目标方程中，它也在等号左边，系数却为3，则

$$\Delta H = \Delta H_2 - \Delta H_3 + 3\Delta H_1$$

至此，三个已知方程都用上了，停止检索，则

$$x = b - c + 3a$$

故A项正确。

【例1.5】已知下列热化学方程式：

$Fe_2O_3(s) + 3CO(g) = 2Fe(s) + 3CO_2(g)$　　$\Delta H_1 = -25$ kJ/mol　　①

$3Fe_2O_3(s) + CO(g) = 2Fe_3O_4(s) + CO_2(g)$　　$\Delta H_2 = -47$ kJ/mol　　②

$Fe_3O_4(s) + CO(g) = 3FeO(s) + CO_2(g)$　　$\Delta H_3 = +19$ kJ/mol　　③

写出$FeO(s)$被CO还原成Fe和CO_2的热化学方程式。

【解析】和上一题相比，这道题要求写出目标方程，这就稍微增加了一些难度。我们首先写出目标方程如下：

$$FeO(s) + CO(g) = Fe(s) + CO_2(g) \quad \Delta H$$

然后利用特征物质定位法进行分析，具体如下：

$FeO(s)$是特征物质，它仅仅在方程③中出现一次。在方程③中，它在等号右

边，系数为3；在目标方程中，它在等号左边，系数为1，则

$$\Delta H = -\frac{1}{3}\Delta H_3 + \cdots$$

CO(g)不是特征物质，它在三个已知方程中都出现，略过。

Fe(s)是特征物质，它仅仅在方程①中出现一次。在方程①中，它在等号右边，系数为2；在目标方程中，它也在等号右边，系数为1，则

$$\Delta H = -\frac{1}{3}\Delta H_3 + \frac{1}{2}\Delta H_1 + \cdots$$

CO_2(g)不是特征物质，它在三个已知方程中都有出现，略过。

至此，目标方程中的所有物质都检索完了，可是已知方程还没有用全！这怎么办呢？

遇到这种情况，我们就随便拿一个非特征物质，利用已经推出的式子来确定方程②的系数，比如，我们选择CO(g)：

在目标方程中，CO(g)的系数为1，在等号左边；而通过计算 $[-\frac{1}{3} \times$ 方程③ $+ \frac{1}{2} \times$ 方程①$]$后，CO(g)的系数变为$\frac{7}{6}$，在等号左边。那么，想要把CO(g)的系数调整为1，则要求再减去$\frac{1}{6}$CO(g)，即减去$\frac{1}{6} \times$方程②即可，因此

$$\Delta H = -\frac{1}{3}\Delta H_3 + \frac{1}{2}\Delta H_1 - \frac{1}{6}\Delta H_2$$

将相关数值代入计算即可。

> **主编寄语**
>
> 关于盖斯定律，没有什么难点，关键是计算要细心哦！

4. 焓变的计算

焓变的计算是本章的重点内容，也是高考必考内容。之所以必考，是因为焓变在化学领域的应用实在是太广泛了，因此中学阶段掌握焓变计算的基本技能很有必要。

根据焓变的定义和能量变化图（图1.15），我们能很清楚地观察到焓变的两种计算方法：

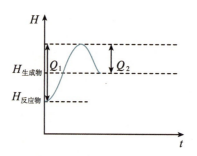

化学反应中的能量变化 | 图1.15

第一，$\Delta H = H_{生成物} - H_{反应物}$。这是焓变的基本定义，但是这个公式不常用，因为想要知道物质的焓，除了进行实验外，我们只能通过查表得知，对于高考来说，这并不实用。

第二，$\Delta H = E_{反应物} - E_{生成物}$，即焓变等于反应物总键能减去生成物总键能。一定要注意此处的顺序！因为放热反应的$\Delta H < 0$，所以键能相减之后，必须是负值！也就是必须是$Q_1 - Q_2$。

除了这两种方法以外，还有一种很经典的方法。由于焓变只与反应物和生成物的焓有关，与中间变化过程无关，因此如果一个化学反应的焓变不方便测量，则可以采取"迂回战术"。例如，想测出1 mol C燃烧成CO放出的热量，直接通过实验测量比较困难，我们无法保证C恰好燃烧成CO。因此，在保证反应物和生成物不变的情况下，我们设计如下的路径：

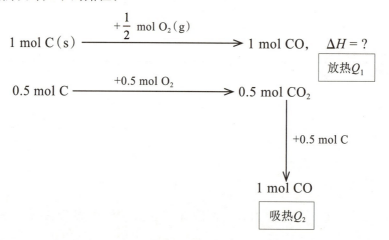

先将0.5 mol C完全燃烧成CO_2，测得放出热量Q_1，这是可以实现的；再将这0.5 mol CO_2与剩余的0.5 mol C在高温下充分反应，生成1 mol CO，测得吸收热量Q_2，这也是可以实现的。观察整个过程，我们发现，恰好是1 mol C和0.5 mol O_2生成1 mol CO，

则 1 mol C 燃烧成 CO 放出的热量即为 $Q_1 - Q_2$（此处暂不考虑可能存在的可逆反应）。

这有点像物理学中的矢量合成，即焓变只看起点和终点，不管中间变化的过程。这就是前文所介绍的盖斯定律。盖斯定律是计算焓变时应用最广的一种方法。

【例 1.6】已知胆矾溶于水时，溶液温度降低。在室温下将 1 mol 无水硫酸铜制成溶液时，放出热量 Q_1 kJ，而 1 mol 胆矾分解时的化学方程式是 $CuSO_4 \cdot 5H_2O(s) == CuSO_4(s) + 5H_2O(l)$，吸收热量 Q_2 kJ，则 Q_1 与 Q_2 的关系是（　　）。

A. $Q_1 > Q_2$　　　　B. $Q_1 < Q_2$　　　　C. $Q_1 = Q_2$　　　　D. 无法确定

【解析】这是一道非常经典的题目，很多学生一开始会感觉无从下手。别急，我们先拿出一张干净的草稿纸，慢慢分析题中物质的变化过程。

第一句话"胆矾溶于水时，溶液温度降低"：$CuSO_4 \cdot 5H_2O(s)$ 变成 Cu^{2+} 和 SO_4^{2-}，吸热；

第二句话"将 1 mol 无水硫酸铜制成溶液时，放出热量 Q_1 kJ"：无水 $CuSO_4$ 变为 Cu^{2+} 和 SO_4^{2-}，放热 Q_1；

第三句话"1 mol 胆矾分解……吸收热量 Q_2 kJ"：$CuSO_4 \cdot 5H_2O(s)$ 变成无水 $CuSO_4$，吸热 Q_2。

以上就是从题干中读出的信息，我们不难发现下面的逻辑关系：

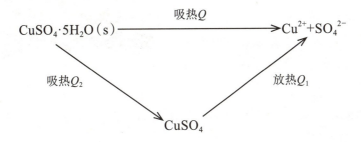

既然先吸热 Q_2 再放热 Q_1 后，总效应还是吸热的，则 $Q_2 > Q_1$，故 B 项正确。

1.1.3　化学反应的反应热

为了定量描述化学反应释放或吸收的热量，化学上规定，当化学反应在一定温度下进行时，反应所释放或吸收的热量称为该反应在此温度下的**反应热**（heat of reaction）。反应热有多种形式，如燃烧热、中和热等。反应热是重要的热力学数

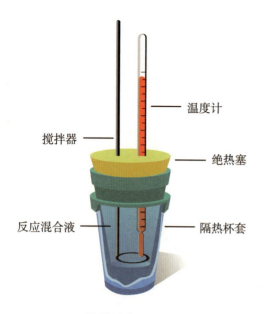

量热计 | 图 1.16

据，它是通过实验测定的，所用的仪器称为量热计（calorimeter），如图1.16所示。

1. 燃烧热与中和热

燃烧热和中和热是焓变的两种特殊形式。之所以特殊，是因为从概念上来说，它们的定义比较严格。

燃烧热（heat of combustion）指的是在一定的温度和压强下，1 mol可燃物完全燃烧成稳定的物质所放出的能量，如图1.17所示。

这里面有几个关键词：

（1）1 mol可燃物：也就是说，如果要写一个能代表燃烧热的热化学方程式，则可燃物的系数必须为1。

（2）完全燃烧成稳定的物质：C元素要燃烧成$CO_2(g)$，H元素要燃烧成$H_2O(l)$，N元素要燃烧成$N_2(g)$，卤素要燃烧成$HX(g)$。

所以，如果要书写一个代表一种物质燃烧热的热化学方程式，就务必注意以上几点，尤其是水的状态。

燃烧热 | 图 1.17

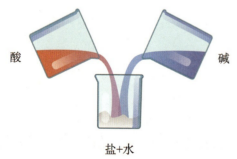

中和热 | 图 1.18

中和热（heat of neutralization）指的是一定温度下强酸强碱稀溶液发生中和反应，生成1 mol水时所放出的热量，如图1.18所示。

这里面也有几个关键词：

（1）"强"：指强酸与强碱，不能用弱酸或弱碱，因为弱电解质电离吸热，会对反应热的测量值造成影响。

（2）"稀"：指稀酸与稀碱，不能用浓酸或浓碱，因为浓溶液稀释会放热，会对反应热的测量值造成影响。

（3）"仅"：只能有水生成，也就是离子方程式必须能够写成 $H^+ + OH^- = H_2O$ 的形式，不能再生成沉淀或气体。例如硫酸和氢氧化钡的反应，放出的热量不能代表中和热，因为除了生成水外，还生成了硫酸钡沉淀。

（4）"一"：反应物的量不同，放出的能量当然也不同，因此统一规定为生成1 mol水时放出的热量。

25 ℃时，中和热约为$\Delta H = -57.3$ kJ / mol。

2. 中和热的测定

测定中和热是一个相对定量的实验。

（1）装置

如图1.19所示。

（2）原理

利用初中学过的含比热容c的公式$Q = cm\Delta T$，准备一定量的稀盐酸和一定量的稀氢氧化钠，在保温装置中完全反应，测出体系温度的最大变化量，就可以算出放出的热量。

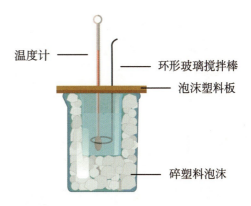

视频　中和热的测定｜图1.19

（3）操作步骤

利用上述装置将已知浓度、体积的稀盐酸和已知浓度、体积的稀氢氧化钠迅速混合于小烧杯中，用环形玻璃搅拌棒迅速搅拌，记录温度计的初始温度和最高温度，就可以计算出中和热的数值了，需要注意生成水的物质的量。

（4）注意事项

a. 碎泡沫塑料（或纸条）及泡沫塑料板的作用是防止热量的散失。

b. 最好用两个温度计分别量取盐酸和氢氧化钠的温度。如果只有一个温度计，那么在测量完一种溶液的初始温度后，一定要冲洗干净，再测量另一种溶液的初始温度，以免提前中和，导致热量散失。

c. 酸和碱的混合要迅速，以免热量散失。

d. 所用搅拌棒为环形玻璃搅拌棒，不能用金属棒，以免热量散失；另外，也不能用温度计搅拌，温度计只有测量温度的功能。

> **主编寄语**
>
> 这个实验最重要的是要做好保温工作，各种各样的措施都是为了防止热量的散失，因此在解题过程中，如果有相关的问题，往"保温"方面想往往可以找到突破口。

1.2 化学反应与电能

在化学反应中，化学能与其他形式的能量可以相互转化，而且严格地遵守能量守恒定律。物质中化学能的变化通常表现为热量的变化，即化学能转化为热能，同样，化学能与电能在一定条件下也可以相互转化。

电能是现代社会中应用最广泛、使用最方便的一种能源，电能的出现大大丰富了我们的生活。

1.2.1 原电池

我们知道，氧化还原反应的本质是氧化剂与还原剂之间发生的电子转移，同时伴随着体系能量的变化。要想使氧化还原反应释放的能量直接转变为电能，就需要有一种装置，使氧化反应和还原反应分别在两个不同的区域进行，这样电子转移时必然要"走过"一段路程，从而形成了电流。我们把这种将化学能直接转变为电能的装置叫作原电池（galvanic cell）。

拓展阅读

电池发展史

1780年，意大利波罗那大学解剖学教授伽伐尼（Luigi Galvani）在进行青蛙腿肌肉运动的解剖学研究实验时发现，在起电机放电的同时，如果用金属手术刀触动蛙腿神经，蛙腿肌肉会立刻收缩（图1.20）。为了找出这一现象的原因，在进一步的实验中他意外地发现，若用两种金属分别接触蛙腿的筋腱和肌肉，当两种金属的另一端相碰时，蛙腿也会发生抽动。伽伐尼认为这是青蛙体内存在的一种"神经电流体"引起的，这种电液可以使神经、肌肉活动，脑是分泌电液的重要器官。

意大利物理学家伏打（Alessandro Vlota）在1792年对伽伐尼的发现做了深入研究，发现电流的产生并不需要动物组织。1793年，伏打否认了动物电的存在，认为伽伐尼发现的电产生于两种不同金属的接触，他认为蛙腿的抽动是一种对电流的灵敏反应，这个电流是由于两种金属插在了由肌肉提供的溶液中，并构成回路而产生的。

青蛙实验｜图1.20

伏打电堆｜图1.21

1799年，伏打将铜片、浸盐水的纸片和锌片依次重叠起来，创制了最早的获得连续电流的伏打电堆（图1.21）。1800年，他公布了在1795~1796年间发现的电池原理。1801年，他为拿破仑一世演示了伏打电堆，拿破仑授予他金质奖章并封他为伯爵。

1803年，德国化学家里特尔制造出一台蓄电池。

1836年，英国化学家丹聂尔制造出第一块古典原电池。伏打电堆的一个缺点是由于极化作用电流很快减小。丹聂尔发现的电池是用多细孔的陶罐（开始用动物膜）把浸入硫酸铜溶液中的电极铜棒和锌棒分开。它能比过去的电池提供更长时间的稳定电流。

1859年，法国物理学家普朗特制造出第一台可实用的铅酸蓄电池。他把两块卷成螺旋形的铅皮，中间用橡皮隔开，浸没在10%的硫酸溶液中，然后送入电流，使其中一块铅皮镀上，另一块铅皮成为粗糙的多孔表面。这种电池比当时的任何电池都具有更高的电动势，但是由于加工成型过程复杂和冗长，很难批量生产，因此没有受到重视。

1865年，法国化学家勒克朗谢制造出第一块干电池。他采用导电的氯化铵溶液、锌和石墨作为电极,并用二氧化锰作为去极剂。这种电池因使用氯化铵溶液而带来很多不便。

1881年,法国化学家福尔改革了普朗特的铅蓄电池。他回避了成型的工序,把铅的氧化物和硫酸水溶液混合制成的膏剂直接涂在铅板上,至此铅蓄电池引起了商业界的兴趣,很快得到批量生产,在汽车、无线电设备、电化学实验过程中得到应用,并成为了通常使用的重要电源……

1. 电路图导论

在初中阶段,同学们已经在物理课上学习过电学并接触过电路图,迄今为止,也与电流、电压、电阻做了很长时间的斗争。而在化学研究领域中,我们更关心的是电路的核心——电池。科学家们始终在探索,并致力于研制出电压更稳定、放电更持久的优良电池。在高中阶段,我们需要简单了解一下电池的构造和工作原理。

我们先画出一幅简单的电路图(图1.22,为方便起见,省略了开关),然后用箭头标出电子的流动方向。

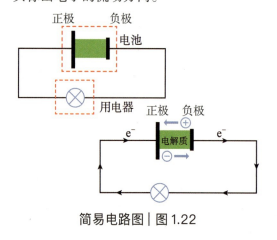

简易电路图 | 图1.22

从图1.22中我们可以看出:

(1)电池的构造:正极、负极、正负极之间的电解质溶液(如果没有电解质溶液,那就是断路)。若将电池的正负极用导线连接,形成闭合回路,就会产生电流。

(2)电极的得失电子情况:正极**得电子**,发生**还原反应**,元素化合价**降低**;负极**失电子**,发生**氧化反应**,元素化合价升高。

(3)电解质溶液中的离子移动方向:要形成闭合回路,电解质溶液中的离子必然在电场的作用下定向移动,很容易看出,**阴离子移向负极,阳离子移向正极**。

为什么只要形成闭合回路,电子就会自动地从负极流向正极呢?

提到电子的移动,很容易让人联想到氧化还原反应。电池中一定存在一个可以自发进行的、放热的氧化还原反应,因为只有氧化还原反应才会涉及电子的转移,只有放热创造了化学能转化成电能的可能性。正极材料和负极材料都有着自己的电势能,就像力学中的重力势能一样:水会自发地由重力势能高的地方流向重力势能低的地方。在电学中,电子带负电,因此会自发地由电势低的地方流向电势高的地方。正极的电势比负极要高,因此一旦形成闭合回路,电子就会自发地由负极流向正极,但此处有一个前提条件——存在一个可以自发进行的、放热的氧化还原反应。

2. 单液原电池

(1) 经典单液原电池模型

如何把一个氧化还原反应设计成一块原电池呢?以金属锌和稀硫酸的反应为例。

首先,我们写出这个反应的化学方程式:

$$Zn + H_2SO_4 = ZnSO_4 + H_2\uparrow$$

然后,用单线桥标出电子转移方向和数目:

$$\overset{2e^-}{Zn + H_2SO_4} = ZnSO_4 + H_2\uparrow$$

最后,将这个带着单线桥的化学方程式改造成装置,如图1.23所示。

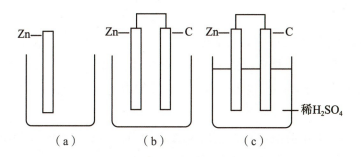

单液原电池装置设计图 | 图1.23

(a) 单线桥的起点金属锌作为一个电极(负极);
(b) 单线桥本身画成导线,终点接在碳棒上(正极);
(c) 然后以与锌发生反应的稀硫酸作为电解质溶液

在这里要注意两点:第一,正极材料不能先于负极材料发生反应。所以此处不能选金属Al作为正极,否则Al先和稀硫酸反应,失电子为负极,Zn就成为了正极。第二,如果不好选正极材料,可以考虑用"万能正极"碳棒。

在这个装置中,Zn失去的电子通过导线传递给碳棒,溶液中的氢离子在碳棒上得电子生成氢气,完成整个化学反应。Zn片逐渐溶解,碳棒表面产生气泡,将原本在一起发生的氧化还原反应分开在两个电极上分别发生,实际上<u>大大加快了反应速率</u>。如果我们在导线上串联一个用电器,就可以带动用电器工作,也就是化学能直接转化成了电能，如图1.24所示。

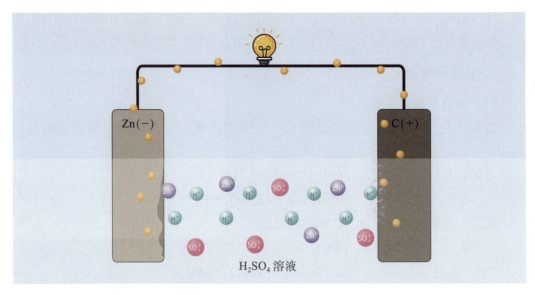

微件　单液原电池｜图1.24

（2）单液原电池电极反应式的书写

在这里先强调一下电极反应式书写的严格步骤，我们以Mg - Al / NaOH原电池为例，即以镁条和铝片作为两个电极，NaOH溶液作为电解质溶液。

a. 判断总反应，分清正负极。

Al可以和NaOH水溶液反应，生成$NaAlO_2$和H_2；Mg不能和NaOH水溶液反应。因此，负极为Al，负极产物是AlO_2^-；H_2是还原产物，在正极生成。

主编寄语

将两个电极和电解质放在一起，最先能够持续发生的氧化还原反应就是总反应。然后依据化合价的变化，判断正极反应和负极反应。这里存在一个误区，很多同学认为较活泼金属一定是负极。事实上，要看具体的反应，比如以铜和铁作为两极材料，以浓硝酸作为电解质溶液，虽然铁较活泼，但其会被浓硝酸钝化，实际上能够持续进行的是铜和浓硝酸的反应，因此以铜作为负极（此处不考虑硝酸变稀之后的情况）。

b. 将各个电极反应的反应物和产物"一对一"写好，如果遇到H_2或者O_2作为反应物或者产物,则它的另一半暂时不写(因为无法判断)。

负极:Al　　　　　　＝AlO_2^-

正极:　　　　　　　＝$H_2\uparrow$

> **主编寄语**
>
> 这里也存在一个误区,那就是很多同学总是尝试着从左到右一次写完方程式,这对于非化学天才来说,几乎是不可能的,因为在很多情况下,溶液中的H^+和OH^-是参与反应的,但是它们是作为生成物还是作为反应物,开始时无法明确判断。

c. 用电子调平化合价的升降。

负极:Al － 3e^-　　　　＝AlO_2^-

正极:　　＋2e^-　　　　＝$H_2\uparrow$

> **主编寄语**
>
> 很有意思的是,都不知道是谁反应生成了H_2,怎么知道正极得了几个电子呢?其实道理很简单,无论是谁生成了H_2,反应物中H元素一定是+1价,那么生成1个H_2分子,自然需要得到2个电子。

d. 用溶液中存在的离子调平方程式两边的电荷,确保电荷守恒。

这里要注意的是,高中阶段遇到的电解质溶液大约可分为五种情况:

① 酸性溶液:用H^+调电荷。

② 碱性溶液:用OH^-调电荷。

③ 偏中性溶液:用H^+或OH^-均可,但是一定要作为生成物。

④ 熔融盐:用它的阴离子调电荷。

⑤ 固态金属氧化物:用O^{2-}调电荷。

负极:Al － 3e^- ＋ 4OH^- ＝AlO_2^-

正极:　　＋2e^-　　　　＝$H_2\uparrow$ ＋ 2OH^-

e. 对比等号两边,根据元素守恒补齐所缺的常见物种(通常为氧化物)。

负极:Al － 3e^- ＋ 4OH^- ＝AlO_2^- ＋ 2H_2O

正极:2H_2O ＋ 2e^- ＝$H_2\uparrow$ ＋ 2OH^-

> **主编寄语**
>
> 电极方程式的书写步骤非常重要,希望尚且不太熟练的同学,能够在每一次书写电极反应式时,按照这个步骤清单严格操作,这样自然就会熟练了,否则非常容易出错。

【例1.7】写出Zn - Cu / 稀硝酸原电池的电极反应式。

【解析】(1)判断总反应,分清正负极。

Zn能和稀硝酸反应,Cu也能和稀硝酸反应,而Zn比Cu活泼,所以先和稀硝酸反应,故Zn为负极,Zn^{2+}为氧化产物,在负极生成;NO为还原产物,在正极生成。

(2)将各个电极反应的反应物和产物"一对一"写好,如果遇到H_2或者O_2作为反应物或者产物,则它的另一半暂时不写(因为无法判断)。

负极:$Zn \quad\quad\quad = Zn^{2+}$

正极:$NO_3^- \quad\quad\quad = NO\uparrow$

(3)用电子调平化合价的升降。

负极:$Zn - 2e^- \quad\quad = Zn^{2+}$

正极:$NO_3^- + 3e^- \quad\quad = NO\uparrow$

(4)用溶液中存在的离子调平方程式两边的电荷,确保电荷守恒。

负极:$Zn - 2e^- \quad\quad = Zn^{2+}$(电荷已守恒,无需调整)

正极:$NO_3^- + 3e^- + 4H^+ = NO\uparrow$

(5)对比等号两边,根据元素守恒补齐所缺的常见物种(通常为氧化物)。

负极:$Zn - 2e^- \quad\quad = Zn^{2+}$(无需调整)

正极:$NO_3^- + 3e^- + 4H^+ = NO\uparrow + 2H_2O$

【例1.8】写出Fe - Cu / NaCl原电池的电极反应式。

【解析】(1)判断总反应,分清正负极。

这个电池比较奇怪,Fe和NaCl不反应,Cu和NaCl也不反应!难道没有化学反应发生吗?试想一下,如果将铁钉一半浸在盐水中,一段时间后会发生什么现象?对了,生锈!Fe和空气中的O_2发生了反应!

因此,这是一个用Fe生锈过程中和O_2的反应做成的原电池,显然,Fe为负极,O_2是氧化剂,在正极发生反应。(Cu也能生锈,只不过Fe比Cu活泼,Fe先反应。)

小贴士：① 如果以金属作为电极时，若找不到总反应，则考虑金属与氧气的反应；② 以Fe作为电极失电子时，一律失去2个电子生成Fe^{2+}。

（2）将各个电极反应的反应物和产物"一对一"写好，如果遇到H_2或者O_2作为反应物或者产物，则它的另一半暂时不写（因为无法判断）。

负极：Fe　　　　　　＝Fe^{2+}

正极：O_2　　　　　　＝

（3）用电子调平化合价的升降。

负极：$Fe - 2e^-$　　　　＝Fe^{2+}

正极：$O_2 + 4e^-$　　　＝

虽然暂时不知道O_2对应的产物，但是O元素在产物中必然是-2价。

（4）用溶液中存在的离子调平方程式两边的电荷，确保电荷守恒。

偏中性溶液：用H^+或OH^-均可，但是一定要作为生成物。

负极：$Fe - 2e^-$　　　　＝Fe^{2+}（无需调整）

正极：$O_2 + 4e^-$　　　＝$4OH^-$

（5）对比等号两边，根据元素守恒补齐所缺的常见物种（通常为氧化物）。

负极：$Fe - 2e^-$　　　　＝Fe^{2+}（无需调整）

正极：$O_2 + 4e^- + 2H_2O$＝$4OH^-$

根据正负极反应，我们可以看出总反应为$2Fe + O_2 + 2H_2O = 2Fe(OH)_2$，之后$Fe(OH)_2$会被逐渐氧化成$Fe(OH)_3$，再发生一系列复杂变化形成铁锈，但是这些和电极反应无关。

3. 双液原电池

在$Zn - C / H_2SO_4$单液电池中，由于Zn片是直接插在稀硫酸溶液中的，因此不可避免地会出现Zn直接和稀硫酸反应、电子没有经过导线的情况。实验也证明了这一点：如果电子全部经过导线到达碳棒表面，则气泡应该出现在碳棒上，不应该出现在Zn片上，但实验中发现，Zn片表面也有大量气泡产生。这是因为我们无法把Zn片做得很纯，只要有一点点杂质，杂质就会和Zn构成一个个微小的原电池，电子由Zn直接传递给杂质，自然就不经过导线了。这叫作电池负极的自放电现象，它会大大降低电池的效率。

如何解决这个问题呢？于是人们就想到了避免Zn和稀硫酸直接接触的方法。

还记得前文把单线桥改造成单液原电池的例子吗？你们应该可以想到，双线桥可以改造成双液原电池！如图1.25所示。

第一步：用双线桥表示锌和稀硫酸反应的电子转移情况。

第二步：根据第①根线桥设计出第一个烧杯。

第三步：根据第②根线桥设计出第二个烧杯。

第四步：用导线将两根电极相连，用盐桥将两个烧杯连通。

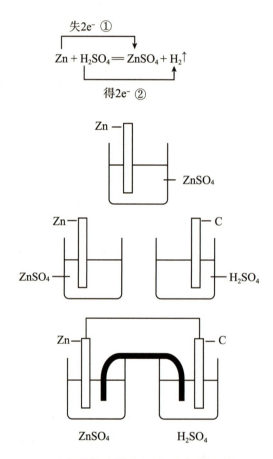

双液原电池装置设计图 | 图1.25

盐桥是一种特殊装置，一般将热的KCl饱和溶液混合琼脂，封装在U形管中，待冷却后，形成胶状固体，其中K^+和Cl^-可以自由移动，起到了连通内电路的作用，如图1.26所示。

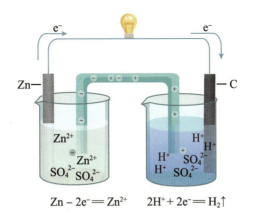

$Zn - 2e^- = Zn^{2+}$ $2H^+ + 2e^- = H_2\uparrow$

👆 微件　双液原电池 | 图1.26

双液原电池将Zn和稀硫酸从空间上进行隔离，可以很好地避免负极自放电，大大提高了电池效率。但是也带来了一个问题：盐桥电阻太大，电流值会比单液电池小很多。如何解决呢？人们想方设法去改进盐桥，降低它的电阻。想象一下，无限缩短盐桥的长度，并无限加大盐桥的横截面积……于是，盐桥被"压扁"成了一张膜！这种膜在现代电池工业中称为**离子交换膜**（ion exchange membrane），它仅允许一类特定的离子通过，如图1.27所示。这样既避免了负极自放电现象的发生，又大大降低了电阻，因此"膜技术"在现代电池工业中非常重要。

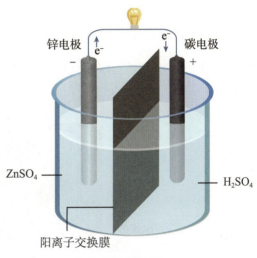

离子交换膜 | 图1.27

主编寄语

说到底，双液原电池仅仅是单液原电池的一种改进，它的总反应式和电极反应式没有发生太大变化，书写时依然参照之前所说的步骤，注意调节电荷时的溶液环境即可。

第1章　化学反应与能量变化

1.2.2 化学电源

在前面的章节中我们讨论了原电池的模型,现在我们来认识一些生活中的化学电源。生活中常见的化学电源都是双液电池,只不过中间用的不是盐桥,而是离子交换膜。

> **主编寄语**
>
> 高考特别喜欢考查新型电池,一般也会给出正负极材料和产物,我们需要做的是正确地书写电极反应式,以及判断离子的移动方向等。

1. 锌锰碱性干电池

锌锰碱性干电池是指以锌筒作为负极,碳棒作为正极,MnO_2 / KOH 糊作为电解质溶液。

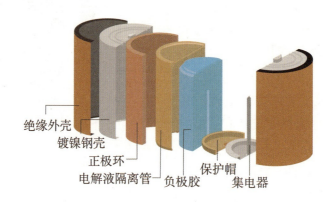

AR 锌锰碱性干电池 | 图1.28

(1) 总反应式:$Zn + 2MnO_2 + 2H_2O = Zn(OH)_2 + 2MnOOH$(题目会给,无需记忆)。

(2) 负极:

$$Zn \qquad\qquad = Zn(OH)_2$$
$$\Rightarrow Zn - 2e^- \qquad = Zn(OH)_2$$
$$\Rightarrow Zn - 2e^- + 2OH^- = Zn(OH)_2$$

（3）正极：

$$MnO_2 \qquad\qquad = MnOOH$$
$$\Rightarrow MnO_2 + e^- \qquad = MnOOH$$
$$\Rightarrow MnO_2 + e^- \qquad = MnOOH + OH^-$$
$$\Rightarrow MnO_2 + e^- + H_2O = MnOOH + OH^-$$

除了这样的碱性干电池外，还有酸性干电池，用的是NH_4Cl/MnO_2糊作为电解质溶液，但本质上它们都是Zn和MnO_2的氧化还原反应。

主编寄语

有部分教辅资料上介绍说，酸性干电池中二氧化锰的还原产物为Mn_2O_3，碱性电池中二氧化锰的还原产物为MnOOH，其实这不是绝对的，它与电解质溶液的pH有着比较密切的联系。大家在解答相关习题时，根据题目的要求来答即可，不要形成思维定势。

2. 铅蓄电池

铅蓄电池是指以铅板和涂有二氧化铅的铅板作为两极，浓硫酸作为电解质溶液，如图1.29所示。

铅蓄电池广泛用于电动车电源，大家觉得电动车的电瓶很重，就是因为两极是以铅板为原料加工成的。

（1）总反应式：$Pb + PbO_2 + 2H_2SO_4 = 2PbSO_4 + 2H_2O$（已知$PbSO_4$为难溶物）。

（2）负极：

$$Pb \qquad\qquad = PbSO_4$$
$$\Rightarrow Pb \quad + SO_4^{2-} = PbSO_4$$
$$\Rightarrow Pb - 2e^- + SO_4^{2-} = PbSO_4$$

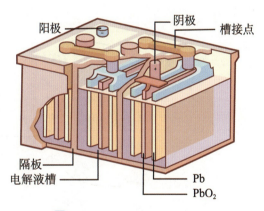

微件　铅蓄电池｜图1.29

在书写过程中，先把必须要放上的SO_4^{2-}写上，再按照步骤进行。

（3）正极：

第1章　化学反应与能量变化

$$PbO_2 \qquad\qquad\qquad = PbSO_4$$
$$\Rightarrow PbO_2 + SO_4^{2-} \qquad\qquad = PbSO_4$$
$$\Rightarrow PbO_2 + 2e^- + SO_4^{2-} \qquad = PbSO_4$$
$$\Rightarrow PbO_2 + 2e^- + SO_4^{2-} + 4H^+ = PbSO_4$$
$$\Rightarrow PbO_2 + 2e^- + SO_4^{2-} + 4H^+ = PbSO_4 + 2H_2O$$

与锌锰干电池不同的是，铅蓄电池属于二次电池，是可以充电的。充电时，电池的负极接外接电源的负极，电池的正极接外接电源的正极（这是生活常识）。

3. 燃料电池

所谓燃料电池，就是将燃烧这种剧烈放热的氧化还原反应做成电池，让"放热"变成"放电"！将燃料通入电池一极，氧气通入另一极，电子发生转移通过导线，电池就可以工作了（图1.30）。

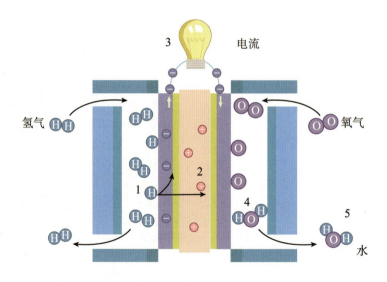

微件　燃料电池｜图1.30

下面以甲烷燃料电池为例介绍电极反应式的书写。

首先，不能忘记的是甲烷的燃烧反应：$CH_4 + 2O_2 \xrightarrow{\text{点燃}} CO_2 + 2H_2O$。$CH_4$中的C元素化合价升高，$CH_4$在负极发生反应，负极产物为$CO_2$；$O_2$中的O元素化合价降低，$O_2$在正极发生反应。

（1）$CH_4 - O_2 / H_2SO_4$ 溶液

负极：$\quad CH_4 \quad\quad\quad = CO_2$

$\Rightarrow CH_4 - 8e^- \quad\quad = CO_2$

$\Rightarrow CH_4 - 8e^- \quad\quad = CO_2 + 8H^+$

$\Rightarrow CH_4 - 8e^- + 2H_2O = CO_2 + 8H^+$

正极：$\quad O_2 \quad\quad\quad =$

$\Rightarrow O_2 + 4e^- \quad\quad =$

$\Rightarrow O_2 + 4e^- + 4H^+ =$

$\Rightarrow O_2 + 4e^- + 4H^+ = 2H_2O$

（2）$CH_4 - O_2 / KOH$ 溶液

负极：$\quad CH_4 \quad\quad\quad = CO_2$

$\Rightarrow CH_4 - 8e^- \quad\quad = CO_2$

$\Rightarrow CH_4 - 8e^- + 8OH^- = CO_2$

$\Rightarrow CH_4 - 8e^- + 8OH^- = CO_2 + 6H_2O$

$\Rightarrow CH_4 - 8e^- + 10OH^- = CO_3^{2-} + 7H_2O$

> **主编寄语**
>
> 别忘了，这里还包含了一个 $CO_2 + 2OH^- = CO_3^{2-} + H_2O$ 的反应。在碱性溶液中，产物是 CO_3^{2-}，这是最常考的情况！

正极：$\quad O_2 \quad\quad\quad =$

$\Rightarrow O_2 + 4e^- \quad\quad =$

$\Rightarrow O_2 + 4e^- \quad\quad = 4OH^-$

$\Rightarrow O_2 + 4e^- + 2H_2O = 4OH^-$

（3）$CH_4 - O_2 / Na_2SO_4$ 溶液

负极：$\quad CH_4 \quad\quad\quad = CO_2$

$\Rightarrow CH_4 - 8e^- \quad\quad = CO_2$

$\Rightarrow CH_4 - 8e^- \quad\quad = CO_2 + 8H^+$

$$\Rightarrow CH_4 - 8e^- + 2H_2O = CO_2 + 8H^+$$

正极:　　　　　　　O_2　　　　　=

$$\Rightarrow O_2 + 4e =$$

$$\Rightarrow O_2 + 4e^- = 4OH^-$$

$$\Rightarrow O_2 + 4e^- + 2H_2O = 4OH^-$$

（4）$CH_4 - O_2$ / 熔融K_2CO_3（用它的阴离子CO_3^{2-}调平电荷！）

负极:　　　　　　　CH_4　　　　　= CO_2

$$\Rightarrow CH_4 - 8e^- = CO_2$$

$$\Rightarrow CH_4 - 8e^- + 4CO_3^{2-} = CO_2$$

$$\Rightarrow CH_4 - 8e^- + 4CO_3^{2-} = 5CO_2 + 2H_2O$$

正极:　　　　　　　O_2　　　　　=

$$\Rightarrow O_2 + 4e^- =$$

$$\Rightarrow O_2 + 4e^- + \quad = 2CO_3^{2-}$$

$$\Rightarrow O_2 + 4e^- + 2CO_2 = 2CO_3^{2-}$$

（5）$CH_4 - O_2$ / 固态Al_2O_3（用O^{2-}调平电荷！）

负极:　　　　　　　CH_4　　　　　= CO_2

$$\Rightarrow CH_4 - 8e^- = CO_2$$

$$\Rightarrow CH_4 - 8e^- + 4O^{2-} = CO_2$$

$$\Rightarrow CH_4 - 8e^- + 4O^{2-} = CO_2 + 2H_2O$$

正极:　　　　　　　O_2　　　　　=

$$\Rightarrow O_2 + 4e^- =$$

$$\Rightarrow O_2 + 4e^- = 2O^{2-}$$

4. 锂系电池

锂系电池是根据电池的特性所起的名字：凡是利用锂离子来传导电荷的电池，统称为锂系电池（图1.31），包括锂电池和锂离子电池。谈到这类电池同学们应该都不陌生，现在手机、电脑等所用的充电电池都是锂系电池，其特点为体积小、质量轻、电量大。那么它是如何工作的呢？

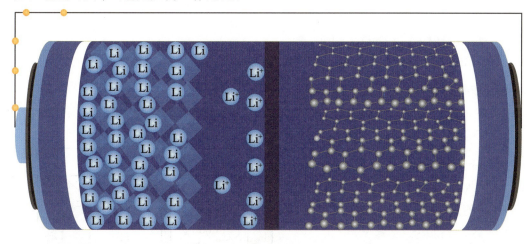

锂系电池 | 图 1.31

锂系电池在工作时，负极释放出锂离子，锂离子移向正极，参与正极反应；充电时则反过来，锂离子从正极（阳极）脱出，移向负极（阴极），电池两极复原。所以放电时，负极一定有释放锂离子的过程，正极一定有接受锂离子的过程（图1.32）。

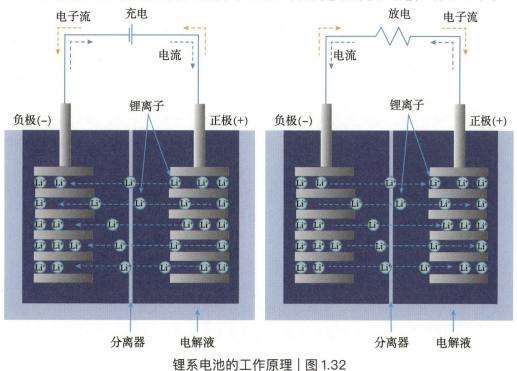

锂系电池的工作原理 | 图 1.32

下面我们以Li - LiCoO$_2$/特殊电解质电池为例：

负极：Li - e$^-$ ═ Li$^+$

正极：Li$_{1-x}$CoO$_2$ + xLi$^+$ + xe$^-$ ═ LiCoO$_2$

总反应：Li + Li$_{1-x}$CoO$_2$ ═ LiCoO$_2$

注意正极的写法，这是锂离子电池正极的通式，即"1 - x + x = 1"型，不是说锂离子数目为小数，这里的下标只是一个离子数目之比。

【例1.9】全固态锂硫电池能量密度高、成本低，其工作原理如图1.33所示，其中电极a常用掺有石墨烯的S$_8$材料，电池反应为 16Li + xS$_8$ ═ 8Li$_2$S$_x$（2 ≤ x ≤ 8）。下列说法错误的是（　　）。

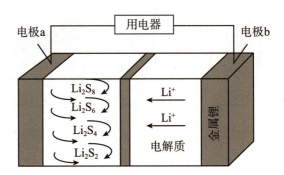

锂硫电池的工作原理 | 图1.33

A. 电池工作时，正极可发生反应：2Li$_2$S$_6$ + 2Li$^+$ + 2e$^-$ ═ 3Li$_2$S$_4$

B. 电池工作时，外电路中流过0.02 mol电子，负极材料减重0.14 g

C. 石墨烯的作用主要是提高电极 a 的导电性

D. 电池充电时间越长，电池中的Li$_2$S$_2$量越多

【解析】由电池反应16Li + xS$_8$ ═ 8Li$_2$S$_x$（2 ≤ x ≤ 8）可知，负极金属锂失电子发生氧化反应，释放出Li$^+$，电极反应为Li - e$^-$ ═ Li$^+$，Li$^+$移向正极，所以电极a是正极；正极接收Li$^+$，由Li$_2$S$_8$变为Li$_2$S$_6$，再变为Li$_2$S$_4$，再变为Li$_2$S$_2$，这个过程看似是S^{2-}在减少，实际上是Li$^+$在增多。总之，锂系电池的要点是：放电时，负极释放出锂离子，锂离子移向正极，参与正极反应。

对于A项，首先根据图中的箭头方向，可知方程式的反应物、产物没有问题，再看正极反应得电子，得到Li$^+$，也没有问题，故A项正确；

对于B项，负极反应为Li - e$^-$ ═ Li$^+$，当外电路流过0.02 mol电子时，消耗的锂为0.02 mol，负极减重的质量为0.02 mol × 7 g/mol = 0.14 g，故B项正确；

对于C项，硫作为不导电的物质，导电性非常差，而石墨烯的特性是室温下导电最好的材料，则石墨烯的作用主要是提高电极a的导电性，故C正确；

对于D项，充电时，箭头应该相反，则应该生成更多的Li$_2$S$_8$，故D项错误。

故答案为D。

1.2.3 电解池

与原电池相反，电解池（electrolytic cell）是把电能转变为化学能的装置。

1. 电解原理

上面说到充电电池的问题，其实电池在充电时，它的角色就不再是电池，而是用电器。现在我们来研究外接电源的电解池模型（图1.34），请看右侧的电路图。

从该图中我们可以看出：

（1）电解池的构造：与电源正极相连的电极叫作阳极，与电源负极相连的电极叫作阴极。

（2）电极的得失电子情况：阴极得电子，发生还原反应，元素化合价降低；阳极失电子，发生氧化反应，元素化合价升高。

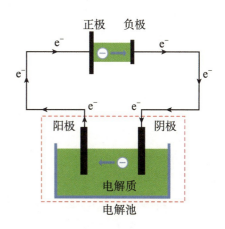

电解池模型 | 图1.34

（3）电解质溶液中的离子移动方向：要形成闭合回路，电解质溶液中的离子必然在电场的作用下定向移动，一般情况下阴离子移向阳极，阳离子移向阴极。

> **主编寄语**
>
> 　　在高中阶段，名词"正极""负极"一般用于原电池，而"阳极""阴极"一般用于电解池。但是，在化学工业上，人们一般不分得这么细，通常将发生氧化反应的电极统称为"阳极"，将发生还原反应的电极统称为"阴极"。
>
> 　　那么，在电解池中会发生哪些反应呢？下面介绍阳极、阴极的反应顺序，即放电顺序。

阳极：发生氧化反应，失电子。

第一顺序　金属电极失电子（铂、金电极除外）。

第二顺序　溶液中具有较强还原性的离子失电子，例如：

S^{2-}、SO_3^{2-}、HSO_3^-（不高于四价的硫元素）

I^-、Br^-、Cl^-

Fe^{2+}

第三顺序　水中的O元素失电子，放出氧气，这里根据环境的不同，有两种不同的写法：

酸性或中性环境：　　　　　　＝$O_2\uparrow$

$\Rightarrow$　　　$-4e^-$＝$O_2\uparrow$

$\Rightarrow$　　　$-4e^-$＝$O_2\uparrow + 4H^+$

$\Rightarrow 2H_2O - 4e^-$＝$O_2\uparrow + 4H^+$

> **主编寄语**
>
> 　　有同学可能会问，我都不知道是谁反应生成了O_2，我怎么知道阳极失去了几个电子呢？其实道理很简单，无论是谁生成了O_2，反应物中O元素一定是–2价，那么生成1个O_2分子，自然需要失去4个电子。

碱性环境：　　　　　　　　＝$O_2\uparrow$

$\Rightarrow$　　　$-4e^-$＝$O_2\uparrow$

$\Rightarrow 4OH^- - 4e^-$＝$O_2\uparrow$

$\Rightarrow 4OH^- - 4e^-$＝$O_2\uparrow + 2H_2O$

阴极：发生还原反应，得电子。

第一顺序　溶液中具有较强氧化性的离子得电子，例如：

Ag^+、Fe^{3+}、Cu^{2+}、Hg^{2+}（不活泼金属单质的高价阳离子）

MnO_4^-等

第二顺序　水中的H元素得电子，放出氢气，这里根据环境的不同，有两种不同的写法：

酸性或中性环境：　　　　　　＝$H_2\uparrow$

$$\Rightarrow \quad + 2e^- = H_2\uparrow$$
$$\Rightarrow 2H^+ + 2e^- = H_2\uparrow$$

中性或碱性环境: $\quad = H_2\uparrow$
$$\Rightarrow \quad + 2e^- = H_2\uparrow$$
$$\Rightarrow \quad + 2e^- = H_2\uparrow + 2OH^-$$
$$\Rightarrow 2H_2O + 2e^- = H_2\uparrow + 2OH^-$$

这里,阴、阳极的放电顺序(即反应顺序)是人们根据实验结果总结出的经验规律,在初次接触电解池反应时,务必参考上述顺序,按照步骤写出正确的方程式。下面有几个关键点需要说明:

(1)在电解池中,一般来说,阴离子移向阳极,阳离子移向阴极。但是,阳离子也可以移向阳极,例如Fe^{2+}在阳极失电子被氧化;阴离子也可以移向阴极,例如MnO_4^-在阴极得电子被还原。

(2)离子移动方向其实受到两个因素的影响:电场和浓度差。电场不难理解,带电粒子在电场中会定向移动。浓度差的影响在于,离子会自发地由浓度大的地方向浓度小的地方扩散。Fe^{2+}在一定条件下会在阳极失电子就是这个道理,尽管只考虑电场的影响时,它应该是往阴极移动的。

下面我们来看一个非常经典的例子——2014年北京高考理综化学试题。

【例1.10】用$FeCl_3$酸性溶液脱除H_2S后的废液,通过控制电压电解得以再生。某同学使用石墨电极在不同电压(x)下电解pH = 1的0.1 mol/L的$FeCl_2$溶液,研究废液再生机理,记录如下(a、b、c代表电压数值):

序号	电压 / V	阳极现象	检验阳极产物
I	$x \geq a$	电极附近出现黄色,有气泡产生	有Fe^{3+}、有Cl_2
II	$a > x \geq b$	电极附近出现黄色,无气泡产生	有Fe^{3+}、无Cl_2
III	$b > x > 0$	无明显变化	无Fe^{3+}、无Cl_2

(1)用KSCN检验出Fe^{3+}的现象是_____
_____。

（2）Ⅰ中Fe^{3+}产生的原因可能是Cl^-在阳极放电，生成的Cl_2将Fe^{2+}氧化。写出有关反应：_____
_____。

（3）由Ⅱ推测，Fe^{3+}产生的原因还可能是Fe^{2+}在阳极放电，原因是Fe^{2+}具有_____性。

（4）Ⅱ中虽未检验出Cl_2，但Cl^-在阳极是否放电仍需进一步验证。电解pH=1的NaCl溶液做对照实验，记录如下：

序号	电压 / V	阳极现象	检验阳极产物
Ⅳ	$a > x \geq c$	无明显变化	有Cl_2
Ⅴ	$c > x \geq b$	无明显变化	无Cl_2

① NaCl的浓度是_____mol / L。

② Ⅳ中检测Cl_2的实验方法是_____
_____。

③ 与Ⅱ对比，得出结论（写出两点）：_____
_____
_____。

【解析】（1）铁离子和KSCN反应是有显著颜色变化的特殊反应，因两者反应生成血红色的络合物，故经常被用来检验Fe^{3+}。

（2）氯离子放电生成氯气，氯气氧化Fe^{2+}，这是高中化学的基本知识。故反应为$2Cl^- - 2e^- =\!= Cl_2\uparrow$，$Cl_2 + 2Fe^{2+} =\!= 2Fe^{3+} + 2Cl^-$。

（3）Fe^{2+}在阳极生成Fe^{3+}是失去电子的过程，被氧化，所以体现的是还原性。

（4）① 因为本实验是上述实验的对比实验，所以要求Cl^-的浓度要与原实验浓度相同，故为0.2 mol / L。

② 氯气有很强的氧化性，一般我们先看颜色，如果是黄绿色气体，且在通入湿润的淀粉碘化钾试纸之后，试纸变蓝，则可以确定该气体为氯气。

③ Ⅱ和Ⅳ、Ⅱ和Ⅴ之间的对比本身就是为了证明氯离子是否放电生成氯气，通过施加不同的电压，可以发现当电压较大时，$a > x \geq c$，氯离子放电生成氯气；当

电压较小时，$c > x \geqslant b$，氯离子不放电。由此我们可以得到结论：① 施加较大电压时，Fe^{3+}由氯气氧化Fe^{2+}得来，施加较小电压时，则由Fe^{2+}阳极失电子氧化得来，故通过控制电压两种途径均能生成Fe^{3+}；② 当Fe^{2+}在阳极被氧化生成Fe^{3+}时，Fe^{2+}和Cl^-均在阳极放电，显然Fe^{2+}的放电顺序先于Cl^-，前提是有合适的电压。显然，在较大的电压下，Fe^{2+}会被强行拉向阴极，因此无法在阳极失电子。

【答案】（1）溶液变为血红色。

（2）$2Cl^- - 2e^- = Cl_2\uparrow$，$Cl_2 + 2Fe^{2+} = 2Fe^{3+} + 2Cl^-$。

（3）还原。

（4）① 0.2；

② 湿润的淀粉碘化钾试纸变蓝；

③ 通过控制电压，证实上述产生Fe^{3+}的原因都成立；通过控制电压，阳极的放电顺序为$Fe^{2+} > Cl^-$。

（3）阳极不一定放出氧气，阴极也不一定放出氢气。但是，放出氧气的一定是阳极，放出氢气的一定是阴极。

（4）有些资料上给出了"… > … > …"等较为复杂的放电顺序，大可不必记忆，有些根本用不到，有些在特殊条件下甚至会反序，所以背熟了反而会被误导。关键是要理解我们上面所分析的放电顺序规律，归根结底是氧化性、还原性的强弱问题。

2. 电解池的串联

我们设计了一个如图1.35所示的串联电解池，那么如何写出每个池子的总反应式、阳极反应式和阴极反应式呢？

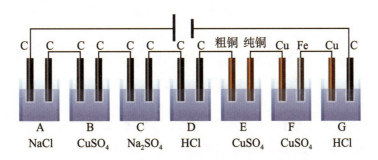

串联电解池 | 图1.35

首先根据串联电路的电子流向,我们可以看出每一根电极的得失电子情况,从而正确判断出阴极和阳极,显然每个池子的左端为阳极,右端为阴极。然后根据前面介绍的放电顺序,正确分析每一根电极的反应情况。

A池:两根电极都是C棒,因此电极本身不发生任何反应。

阳极:溶液中有位于第二顺序的Cl^-,因此Cl^-失电子生成Cl_2。

$$2Cl^- \quad = Cl_2\uparrow$$
$$\Rightarrow 2Cl^- - 2e^- = Cl_2\uparrow$$

阴极:溶液中没有位于第一顺序的离子,则放出H_2,溶液是中性的。

$$= H_2\uparrow$$
$$\Rightarrow \quad + 2e^- = H_2\uparrow$$
$$\Rightarrow \quad + 2e^- = H_2\uparrow + 2OH^-$$
$$\Rightarrow 2H_2O + 2e^- = H_2\uparrow + 2OH^-$$

总反应:联立阴、阳极反应,消去电子,加上反应条件"通电"即可。

$$2NaCl + 2H_2O \xrightarrow{通电} H_2\uparrow + Cl_2\uparrow + 2NaOH$$

根据反应特点,将这种电解池称为"放氢生碱型"。

B池:两根电极都是C棒,因此电极本身不发生任何反应。

阳极:溶液中没有位于第二顺序的离子,则放出O_2,溶液是弱酸性的。

$$= O_2\uparrow$$
$$\Rightarrow \quad -4e^- = O_2\uparrow$$
$$\Rightarrow \quad -4e^- = O_2\uparrow + 4H^+$$
$$\Rightarrow 2H_2O - 4e^- = O_2\uparrow + 4H^+$$

阴极:溶液中有位于第一顺序的Cu^{2+},则Cu^{2+}得电子,生成单质Cu。

$$Cu^{2+} \quad = Cu$$
$$\Rightarrow Cu^{2+} + 2e^- = Cu$$

总反应:联立阴、阳极反应,消去电子,加上反应条件"通电"即可。

$$2CuSO_4 + 2H_2O \xrightarrow{通电} O_2\uparrow + 2Cu + 2H_2SO_4$$

根据反应特点,将这种电解池称为"放氧生酸型"。

C池:两根电极都是C棒,因此电极本身不发生任何反应。

阳极:溶液中没有位于第二顺序的离子,则放出O_2,溶液是中性的。

$$\Rightarrow \quad = O_2\uparrow$$
$$\Rightarrow \quad -4e^- = O_2\uparrow$$
$$\Rightarrow \quad -4e^- = O_2\uparrow + 4H^+$$
$$\Rightarrow 2H_2O - 4e^- = O_2\uparrow + 4H^+$$

阴极：溶液中没有位于第一顺序的离子，则放出H_2，溶液是中性的。

$$= H_2\uparrow$$
$$\Rightarrow \quad + 2e^- = H_2\uparrow$$
$$\Rightarrow \quad + 2e^- = H_2\uparrow + 2OH^-$$
$$\Rightarrow 2H_2O + 2e^- = H_2\uparrow + 2OH^-$$

总反应：联立阴、阳极反应，消去电子，加上反应条件"通电"即可。

$$2H_2O \xrightarrow{\text{通电}} 2H_2\uparrow + O_2\uparrow$$

根据反应特点，将这种电解池称为"电解水型"。

D池：两根电极都是C棒，因此电极本身不发生任何反应。

阳极：溶液中有位于第二顺序的Cl^-，因此Cl^-失电子生成Cl_2。

$$2Cl^- \quad = Cl_2\uparrow$$
$$\Rightarrow 2Cl^- - 2e^- = Cl_2\uparrow$$

阴极：溶液中没有位于第一顺序的离子，则放出H_2，溶液是酸性的。

$$= H_2\uparrow$$
$$\Rightarrow \quad + 2e^- = H_2\uparrow$$
$$\Rightarrow 2H^+ + 2e^- = H_2\uparrow$$

总反应：联立阴、阳极反应，消去电子，加上反应条件"通电"即可。

$$2HCl \xrightarrow{\text{通电}} H_2\uparrow + Cl_2\uparrow$$

根据反应特点，将这种电解池称为"电解电解质型"。

E池：阴极是纯Cu棒，得电子，本身不会反应；阳极是粗Cu，需要考虑。

阳极：溶液中有位于第一顺序的Cu作阳极，因此Cu失电子生成Cu^{2+}。

$$Cu \quad = Cu^{2+}$$
$$\Rightarrow Cu - 2e^- = Cu^{2+}$$

阴极：溶液中有位于第一顺序的Cu^{2+}，则Cu^{2+}得电子，生成单质Cu。

$$Cu^{2+} \quad = Cu$$
$$\Rightarrow Cu^{2+} + 2e^- = Cu$$

F池：阴极是Fe棒，但是得电子，所以本身不会反应；阳极是Cu，需要考虑。

阳极：溶液中有位于第一顺序的Cu作阳极，因此Cu失电子生成Cu^{2+}。

$$Cu \quad = Cu^{2+}$$
$$\Rightarrow Cu - 2e^- = Cu^{2+}$$

阴极：溶液中有位于第一顺序的Cu^{2+}，则Cu^{2+}得电子，生成单质Cu。

$$Cu^{2+} \quad = Cu$$
$$\Rightarrow Cu^{2+} + 2e^- = Cu$$

G池：阴极是C棒，所以本身不会反应；阳极是Cu，需要考虑。

阳极：溶液中有位于第一顺序的Cu作阳极，因此Cu失电子生成Cu^{2+}。

$$Cu \quad = Cu^{2+}$$
$$\Rightarrow Cu - 2e^- = Cu^{2+}$$

阴极：溶液中没有位于第一顺序的离子，则放出H_2，溶液是酸性的。

$$\quad = H_2\uparrow$$
$$\Rightarrow \quad + 2e^- = H_2\uparrow$$
$$\Rightarrow 2H^+ + 2e^- = H_2\uparrow$$

总反应：联立阴、阳极反应，消去电子，加上反应条件"通电"即可。

$$Cu + 2HCl \xrightarrow{\text{通电}} H_2\uparrow + CuCl_2$$

知识拓展

Cu还能和盐酸反应置换出H_2吗？

这里有几个关键点：

（1）"放氢生碱型""放氧生酸型""电解水型""电解电解质型"是很多资料上都会说到的四大电解类型。这里不建议大家记忆，关键还是要理解前面重点强调过的放电顺序，根据电极本身以及溶液中的离子，自己能正确写出电极反应式。

（2）电解是一种外力做功的反应，是强迫式的，可以让原本无法自发进行的反应发生，例如Cu和盐酸反应置换出H_2，就必须在电解的条件下进行。不难理解，在电解条件下，反应会进行得更快。因此，对于同一个反应，在不同装置中的反应速

率顺序为电解池 > 原电池 > 原反应。

（3）在人教2003课标版化学选修4教材中，A池的阴极反应写成了$2H^+ + 2e^- = H_2\uparrow$，这是不严谨的，因为NaCl溶液中没有大量$H^+$，违背了离子反应书写的基本原则，而且很容易导致总反应式书写的失误，因此建议大家不要采用课本书写的形式。

（4）上述几个电解池电解一段时间后，分别加什么物质可以使电解质溶液复原呢？我们在习题中经常会遇到相关的问题。其实很简单，出来什么就加回去什么，这样溶液就可以复原了。

比如A池，从溶液中出来的是氢气和氯气，我们就把氢气和氯气化合之后加回去，也就是通入HCl气体。注意此处不可以加盐酸，否则就多加入了水。

同理，B池中加入CuO、C池中加入H_2O、D池中通入HCl都可以使电解质溶液复原。

（5）在与电解池相关的习题中，难点在于溶液离子浓度变化以及分阶段电解的问题。

【例1.11】用惰性电极电解2 L、1 mol/L的$CuSO_4$溶液，首先在电路中通过0.5 mol电子，调换正负极后，又在电路中通过1 mol电子，此时溶液中H^+的浓度是（　　）。

A. 1.5 mol/L　　　B. 0.75 mol/L　　　C. 0.5 mol/L　　　D. 0.25 mol/L

【解析】我们分阶段讨论：

第一阶段　　　　　阳极　　　　　　　　　　　　阴极
（0.5 mol e^-）　　$2H_2O - 4e^- = O_2\uparrow + 4H^+$　　$Cu^{2+} + 2e^- = Cu$
　　　　　　　　　生成0.5 mol H^+　　　　　　　生成0.25 mol Cu

第二阶段　　　　　阴极　　　　　　　　　　　　阳极（有0.25 mol Cu）
（正负极调换）　　$Cu^{2+} + 2e^- = Cu$　　　　　　$Cu - 2e^- = Cu^{2+}$
　　　　　　　　　　　　　　　　　　　　　　　　0.25 mol Cu反应

　　　　　　　　　生成0.25 mol Cu ——————→ 转移0.5 mol e^-

第三阶段　　　　　　　　　　　阴极　　　　　　　　　阳极
（还有0.5 mol e^-转移）　$Cu^{2+} + 2e^- = Cu$ ——→ $2H_2O - 4e^- = O_2\uparrow + 4H^+$
　　　　　　　　　继续生成0.25 mol Cu　　　　　　生成0.5 mol H^+

因此，生成H^+总量为1 mol，溶液体积为2 L，浓度为0.5 mol/L。

【例1.12】某溶液中含有两种溶质NaCl和H_2SO_4，它们的物质的量之比为3:1。用石墨作电极电解该混合溶液，其电极产物可明显分为三个阶段。下列叙述不正确的是（　　）。

A. 阴极自始至终只析出H_2　　B. 阳极先析出Cl_2，后析出O_2
C. 电解最后阶段为电解水　　D. 溶液pH不断增大，最后为7

【解析】根据之前的放电顺序，溶液中能发生反应的离子是Cl^-和H^+。

因为$n(NaCl):n(H_2SO_4)=3:1$，所以$n(Cl^-):n(H^+)=3:2$。

第一阶段（转移$2e^-$）　　阳极　　　　　　　　　　阴极
　　　　　　　　　　　　$2Cl^- - 2e^- = Cl_2\uparrow$　　$2H^+ + 2e^- = H_2\uparrow$
　　　　　　　　　　　　消耗$2Cl^-$，还有1个　　消耗$2H^+$，正好反应完

第二阶段（反应掉剩下的$1Cl^-$，转移$1e^-$）
　　　　　　　　　　　　阳极　　　　　　　　　　阴极
　　　　　　　　　　　　$Cl^- - e^- = \dfrac{1}{2}Cl_2\uparrow$　　$2H_2O + 2e^- = H_2\uparrow + 2OH^-$
　　　　　　　　　　　　消耗$1Cl^-$，正好反应完　　放氢生碱

第三阶段　　　　　　　　阳极　　　　　　　　　　阴极
　　　　　　　　　　　　$2H_2O - 4e^- = O_2\uparrow + 4H^+$　　$4H_2O + 4e^- = 2H_2\uparrow + 4OH^-$
　　　　　　　　　　　　放氧生酸　　　　　　　　放氢生碱

因此，A、B、C三项均正确，最终溶液中会留下第二阶段生成的OH^-，故溶液呈碱性，pH不为7。选D项不正确。

【例1.13】图1.36中电极a、b分别为Ag电极和Pt电极，电极c、d都是石墨电极。通电一段时间后，在c、d两极上共收集到336 mL（标准状态）气体。若H_2SO_4溶液的质量分数由5.00%变为5.02%，则原有5.00%的H_2SO_4溶液_____ _____g。

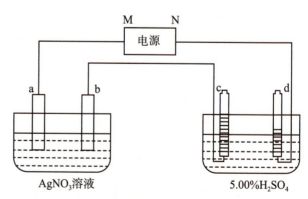

某电解池模型 | 图1.36

【解析】设原有硫酸溶液x g。电解硫酸，根据放电顺序分析，阳极放氧气，阴极

放氢气,实际上在电解水,且$n(O_2):n(H_2)=1:2$;而$n(O_2)+n(H_2)=336\div1000\div22.4=0.015$ mol,解出生成O_2 0.005 mol,生成H_2 0.01 mol,则电解消耗水0.01 mol,质量为0.18 g。

根据电解前后溶质硫酸质量不变,列出方程:$5.00\%\,x=5.02\%(x-0.18)$,解得$x=45.18$ g。

【例1.14】全钒液流储能电池是利用不同价态离子对的氧化还原反应来实现化学能和电能相互转化的装置,其原理如图1.37所示。充电时,若转移的电子数为3.01×10^{23}个,则左槽溶液中$n(H^+)$的变化量为_____。

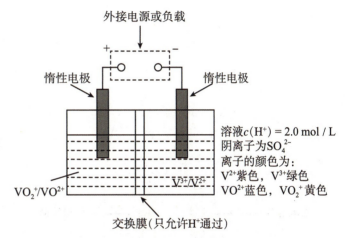

全钒液流储能电池的工作原理 | 图1.37

【解析】先看图,判断出该电池工作时、充电时的离子转化情况。既然题目问左槽,我们就看左槽。左槽是VO_2^+和VO^{2+}的相互转化,到底谁转化成谁呢?仔细看题,左槽上方的虚框附近标了一个"+"号,这就告诉我们左槽是电源的正极,发生还原反应,即VO_2^+转化为VO^{2+};充电时正好相反,VO^{2+}转化为VO_2^+。既然题目问的是充电反应,我们就按步骤写出充电反应方程式:

$$VO^{2+} = VO_2^+$$
$$\Rightarrow VO^{2+} - e^- = VO_2^+$$
$$\Rightarrow VO^{2+} - e^- = VO_2^+ + 2H^+$$
$$\Rightarrow VO^{2+} - e^- + H_2O = VO_2^+ + 2H^+$$

因转移电子3.01×10^{23}个,即0.5 mol,根据方程式,故左槽生成H^+ 1 mol。

又因为外电路转移电子0.5 mol,所以溶液中必然要通过0.5 mol正电荷或者负电荷。交换膜只允许H^+通过,而电解池中H^+移向阴极,即右槽,所以左槽中又会有0.5 mol H^+移走,故净变化量为1 mol − 0.5 mol = 0.5 mol。

3. 电解原理的应用

（1）精炼与电镀

在上述串联池中，有两个很特殊的装置，分别是E池和F池，似乎写不出总反应方程式。但是，这两个装置在工业上有着特殊的用途，分别称作"精炼"和"电镀"：E池中，Cu从阳极溶解，在阴极的纯铜上重新析出，这样就除去了阳极粗铜中的杂质；F池中，相当于在阴极的铁片上镀了一层铜。下面分别进行介绍。

金属的精炼，顾名思义就是提纯金属的过程。在金属铜的精炼过程中，我们要想清楚两个问题：第一，粗铜中含有哪些杂质？第二，这些杂质与铜相比，活泼性如何？

粗铜中一般含有Fe、Zn、Ag、Au等杂质。Fe和Zn的活泼性比铜强，当粗铜作为阳极时，Fe、Zn会和铜一起失电子被氧化，形成金属阳离子进入溶液中；而Ag、Au的活泼性比铜弱，在有铜存在的情况下，它们一般不会失电子被氧化，而是随着铜的溶解，逐渐失去支撑而沉积到阳极底部，形成"阳极泥"（阳极泥可作为提炼金、银等贵重金属的原料）。若阴极用纯铜，则溶液中的铜离子会在阴极得电子，沉积在纯铜表面，这样就完成了一个将阳极材料中的Cu转移到阴极上的过程，除去了粗铜中原本含有的一些杂质，如图1.38所示。

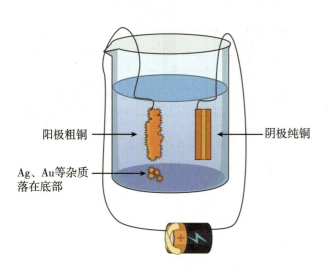

微件 铜的电解精炼 | 图1.38

主编寄语

这里要注意，由于阳极溶解的铜和阴极析出的铜并不是对等的（阳极还有Zn、Fe等溶解），因此长时间电解后，硫酸铜的浓度会有所降低，需要及时补充。

金属的电镀，其原理和精炼相同，只是把阴极材料换一下，例如，把阴极材料换成铁，则铁的表面在电流的作用下会析出一层金属铜，这就叫电镀。阴极材料铁被称为待镀金属，铜被称为镀层金属。如果想在铁勺上镀一层银，我们就可以设计如图1.39所示的装置。

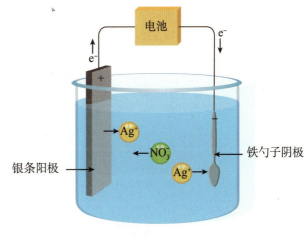

铁的电镀 | 图 1.39

（2）氯碱工业与海水淡化

在之前串联池的A池中，通过电解廉价易得的饱和食盐水，可以获得氢气、氯气和氢氧化钠，这是三种非常重要的化学工业产品，也是生产其他很多产品的原料，因此在工业上也被称为"氯碱工业"（图1.40）。

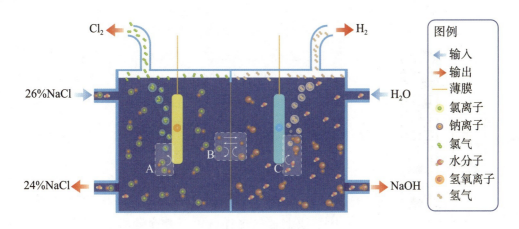

氯碱工业 | 图 1.40

氯碱工业主要是为了生产氯气和氢氧化钠。工业上采用石墨作为阳极，镍钢网作为阴极，电解饱和食盐水。除了这种传统装置以外，还衍生出了很多其他类似装置，可以有不同的用途，这里举两个例子：

① 海水淡化。

海水淡化装置如图1.41所示。

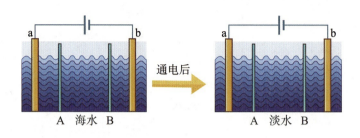

▶ 视频　海水淡化装置｜图 1.41

通电后，海水变成了淡水，则说明Na^+和Cl^-都"跑"了。在电场的作用下，Na^+往阴极（也就是b极）移动，则B是阳离子交换膜（只允许阳离子通过）；Cl^-往阳极（也就是a极）移动，则A是阴离子交换膜（只允许阴离子通过）。

② 漂白液制取。

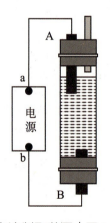

漂白液制取装置｜图 1.42

漂白液制取装置如图1.42所示。

在氯碱工业中，氯气为阳极产物，NaOH为阴极产物，二者一旦混合，必然会发生反应，对氯气和NaOH的产量造成影响。但是，如果我们将计就计，特意让它们混合呢？正好可以生产漂白液。相关原理为

$$Cl_2 + 2NaOH = NaCl + NaClO + H_2O$$

于是人们就设计出了如图1.42所示的装置。为了能让Cl_2充分地与NaOH溶液混合，则应该从B极生成Cl_2，让它往上走，这样就可以被充分吸收。因此，B是阳极，b是电源正极。

1.2.4　电化学腐蚀与防护

金属的腐蚀与防护永远都是日常生活中人们离不开的话题。铁为什么会生锈？在什么条件下生锈？铁锈是什么？怎么才能不生锈？现在用电化学模型来解释这些问题，我们依然回到最原始的电路图中去。

如图1.43所示，负极和阳极失电子，发生氧化反应，正极和阴极得电子，发生还原反应。金属是可以做成电极的，因为金属是导电的固体。而从化学性质来说，金属单质只会失电子被氧化，不会得电子。因此，如果四个电极都用金属制作，我们很容易看出，处于负极和阳极的金属就会失电子被氧化，也就是所谓的"腐蚀"，而处于正极和阴极的金属就会得电子被保护起来，不会发生氧化反应，也就是所谓的"防护"。

下面分情况讨论。

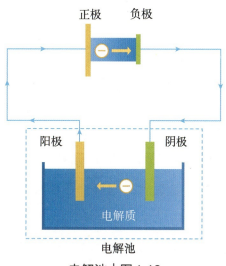

电解池 | 图1.43

1. 金属作为原电池负极而被腐蚀

例如铁器的锈蚀。我们平常接触到的铁器不是纯铁，总含有一些杂质，如碳。铁和碳在有电解质溶液存在的情况下，就构成了一个个微小的原电池，铁作为负极。电解质溶液的酸碱性不同，腐蚀的类型也不一样。

（1）在强酸性环境中，铁主要和溶液中的氢离子发生反应，放出氢气，正、负极反应分别为：

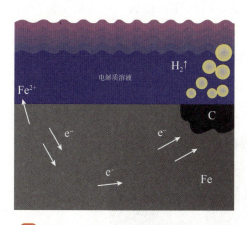

▶ 视频　钢铁的析氢腐蚀 | 图1.44

负极：　　Fe　　　$=Fe^{2+}$
$\Rightarrow Fe - 2e^- = Fe^{2+}$

正极：　　　　　$= H_2\uparrow$
$\Rightarrow\ \ \ \ + 2e^- = H_2\uparrow$
$\Rightarrow 2H^+ + 2e^- = H_2\uparrow$

这种腐蚀类型叫作"析氢腐蚀"（图1.44）。

（2）如果是在弱酸性环境中，或者中性、碱性环境中，铁主要和空气中的氧气发生反应，生成氢氧化亚铁，然后才发生一系列后续反应，最终生成铁锈。正、负极反应分别为：

负极：　　　　　Fe　　　$=Fe^{2+}$
$\Rightarrow Fe - 2e^- = Fe^{2+}$

［若在碱溶液中，则应写为$Fe - 2e^- + 2OH^- = Fe(OH)_2$。］

正极：　　　　　　　O₂　　　　　　＝

⇒ O₂ + 4e⁻　　　　　＝

⇒ O₂ + 4e⁻　　　　　＝ 4OH⁻

⇒ O₂ + 4e⁻ + 2H₂O ＝ 4OH⁻

这种腐蚀类型叫作"吸氧腐蚀"（图1.45）。但要注意的是，吸氧腐蚀不是直接生成三价铁。

2. 金属作为电解池阳极而被腐蚀

这种腐蚀方式没有什么特殊的名字，它是一种强迫式的氧化反应，强迫金属失电子，因此，除非有特殊用途，比如精炼和电镀工业中用金属作为阳极，否则一般情况下不会发生这种腐蚀。

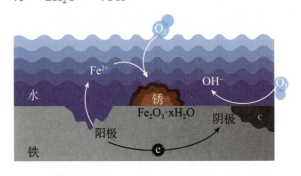

▶ 视频　钢铁的吸氧腐蚀｜图 1.45

3. 金属作为原电池正极而被保护

不想让铁生锈，怎么办呢？可以在铁的表面镀一层比铁活泼的金属，比如说 Zn，这样更活泼的金属先和氧气反应，作为负极，而铁作为正极，自然就不会参与反应了，这叫作"牺牲负极的正极保护法"。只不过在化学工业中，这种方法更多地被称为"牺牲阳极的阴极保护法"（图1.46）。

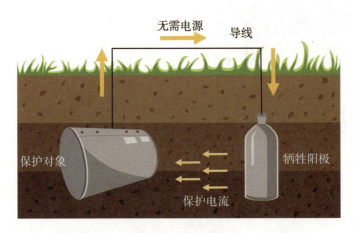

▶ 视频　牺牲阳极的阴极保护法｜图 1.46

4. 金属作为电解池阴极而被保护

这种防护方法称作"外接电源的阴极保护法",例如大坝的钢制船闸会连接上电源的负极,这样电子流向船闸时,就会避免船闸失电子被氧化,如图1.47所示。

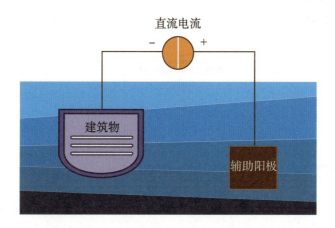

▶ 视频　外接电源的阴极保护法｜图1.47

章末总结

知识图谱
Knowledge Graph

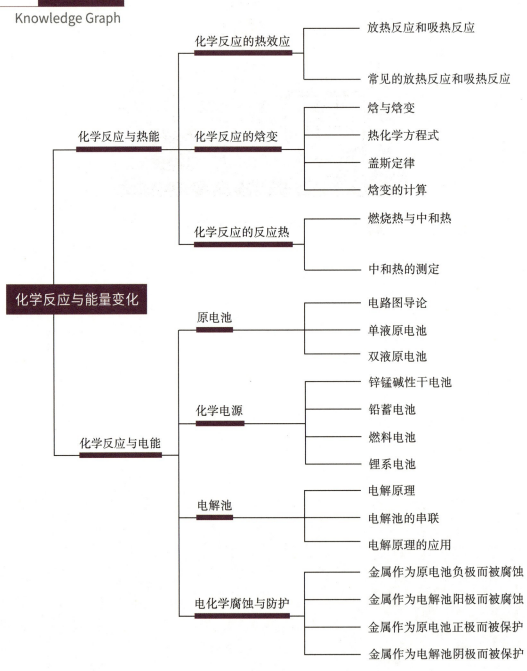

第 2 章　化学反应速率与化学平衡

能量，
优哉游哉地流转在这世间，
性情古怪，难以捉摸。
唯有合适的反应条件，
方能让它为我所用，
省时省力地创造出更多价值。

2.1 化学反应速率

不同的化学反应进行得快慢千差万别,在科学研究和实际应用中,需要对此进行定量的描述或比较,这就要使用同一定义或标准下的数据。与物理学中物体运动的快慢用"速度"表示相类似,化学反应过程进行得快慢用"反应速率"来表示。

2.1.1 化学反应速率的概念

描述一个化学反应的快慢有很多种方法,比如在单位时间内,测定某物质的质量变化、浓度变化、气体体积变化等。化学反应类型不同,测量化学反应速率的方法也不一样。图2.1为测量锌与硫酸反应速率的装置。

测定化学反应速率是有意义的,可以帮助人们理解一个反应的原理,从而寻找条件来控制一些反应。在化学界中,我们普遍使用单位时间内物质浓度的变化量来衡量化学反应的快慢,即化学反应速率(reaction rate)。

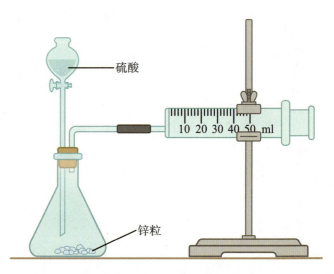

测量锌与硫酸反应速率的装置 | 图2.1

化学反应速率用符号v表示,计算式为$v(B) = \dfrac{\Delta c(B)}{\Delta t}$。

我们在讨论反应速率时,需要注意如下几个问题:

第一,要注意物质的状态。只有气态物质(标记为g)或溶液中的溶质(标记为aq)才有"浓度"这个概念,纯液态(标记为l)或纯固态(标记为s)物质的"浓度"视为常数,不发生变化。

第二,要指明是哪一个物质的反应速率。因为用不同的物质表示反应速率,数值很可能不一样，例如反应：

$$N_2(g) + 3H_2(g) \underset{催化剂}{\overset{高温高压}{\rightleftharpoons}} 2NH_3(g)$$

根据方程式的系数可以看出，单位时间内，如果消耗1 mol N_2，则必然消耗3 mol H_2，生成2 mol NH_3，那么N_2、H_2、NH_3的化学反应速率之比为1∶3∶2。这是相当重要的一个结论：在一个化学反应中，各物质以浓度来衡量的化学反应速率之比等于方程式中各物质的系数比。

具体应用如下：

【例2.1】甲、乙两容器都在进行A→B的反应，甲容器内每分钟减少4 mol A，乙容器内每分钟减少2 mol A，则甲容器内的反应速率比乙容器内的反应速率要（　　）。

A. 快　　　　　B. 慢　　　　　C. 相等　　　　　D. 无法判断

【解析】看上去甲容器每分钟减少的A多些，反应速率快。其实不是，反应速率的计算式为$v(A) = \dfrac{\Delta c(A)}{\Delta t}$，即浓度的变化量除以时间。由于本题中甲、乙容器的容积未知，因此无法计算浓度，也就无法计算反应速率，故D项正确。

【例2.2】在2A + B == 2C + 3D的反应中，下列表示该反应速率最快的是（　　）。

A. $v(A) = 0.4$ mol/(L·min)　　　　B. $v(B) = 0.3$ mol/(L·min)
C. $v(C) = 0.5$ mol/(L·min)　　　　D. $v(D) = 0.6$ mol/(L·min)

【解析】仅看数值，似乎D的反应速率最快。但是在方程式中，对于不同的物质，反应速率之比等于方程式的系数之比，要比较四个选项的反应速率，应该先根据方程式的系数，将其化为同一个物质的速率再进行比较，例如以A为基准：

对于B项，$v(B) = \dfrac{1}{2}v(A)$，则$v(A) = 0.6$ mol/(L·min)。

对于C项，$v(C) = v(A)$，则$v(A) = 0.5$ mol/(L·min)。

对于D项，$v(D) = \dfrac{3}{2}v(A)$，则$v(A) = 0.4$ mol/(L·min)。

因此，B项反应速率最快。

【例2.3】某温度时，在一个2 L的密闭容器中，X、Y、Z三种气体的物质的量随时间变化的曲线如图2.2所示。

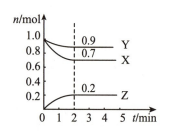

X、Y、Z的物质的量随时间变化的曲线 | 图 2.2

写出该反应的化学方程式：_____。

【解析】要写化学方程式，需要做两件事：第一，判断出反应物和生成物；第二，求出反应速率之比，以确定方程式中各物质的系数比。

由于Y、X的物质的量随时间的变化而减少，因此可以推出它们为反应物，Z则为生成物。

2 min内，Y减少0.1 mol，X减少0.3 mol，Z增多0.2 mol，则X、Y、Z的反应速率之比为3∶1∶2，故方程式为$3X + Y = 2Z$。

学习可逆反应后，这个方程式写为$3X + Y \rightleftharpoons 2Z$更加严谨。

2.1.2 化学反应速率的计算——三段式

三段式是利用化学反应速率的相关知识进行计算的方法，它的作用贯穿整个选修四模块的第二章和第三章，所以务必掌握。

【例2.4】往一个容积固定为2 L的容器中充入2 mol N_2和2 mol H_2，它们在一定条件下发生如下反应：$N_2(g) + 3H_2(g) = 2NH_3(g)$。反应5 min后，测得容器中$NH_3$的浓度为0.5 mol/L，求$H_2$的反应速率以及$N_2$的转化率。

【解析】首先写出方程式和如下三个基本项：

$$N_2(g) + 3H_2(g) = 2NH_3(g)$$

反应前的物质的量

反应掉的物质的量

反应后的物质的量

这就是三段式，然后根据题意，把三行数据全部填满。其中，第三行数据是第一、第二行数据之差（或者之和），第二行数据的数值比（也就是反应速率比）等于方程式的系数比。

各物质的起始物质的量是已知的，而且最后容器中NH_3的浓度为0.5 mol/L，即物质的量为1 mol，填到下面相应的位置：

$$N_2(g) + 3H_2(g) = 2NH_3(g)$$

反应前的物质的量	2	2	0
反应掉的物质的量			
反应后的物质的量			1

再根据三行数据之间的关系,将剩下的补齐:

$$N_2(g) + 3H_2(g) \rightleftharpoons 2NH_3(g)$$

反应前的物质的量	2	2	0
反应掉的物质的量	0.5	1.5	1
反应后的物质的量	1.5	0.5	1

因此,$v(H_2) = 1.5 \text{ mol} \div 2 \text{ L} \div 5 \text{ min} = 0.15 \text{ mol}/(L·min)$,$N_2$的转化率$\alpha(N_2) = 0.5 \div 2 \times 100\% = 25\%$。

【例2.5】往一个容积可变的恒压容器中充入2 mol A和2 mol B,此时容器体积为V,发生如下反应:$A(g) + B(g) \rightleftharpoons C(g)$,一段时间后,测得A的转化率为$\alpha$,求此时A的浓度。

【解析】列出三段式:

$$A(g) + B(g) \rightleftharpoons C(g)$$

反应前的物质的量	2	2	0
反应掉的物质的量	2α	2α	2α
反应后的物质的量	$2-2\alpha$	$2-2\alpha$	2α

因此,$c(A) = (2-2\alpha)$ mol ÷ 容器体积。

此时容器体积还是V吗?显然不是,这是一个反应后气体分子数减小的反应,又是一个恒压容器,即容器体积会发生变化。

根据理想气体状态方程$pV = nRT$,可知恒温恒压条件下气体体积比等于物质的量之比,即

$$\frac{\text{反应前气体体积}}{\text{反应后气体体积}} = \frac{\text{反应前气体总物质的量}}{\text{反应后气体总物质的量}}$$

故

$$\frac{V}{V'} = \frac{2+2+0}{2-2\alpha+2-2\alpha+2\alpha}$$

解得

$$V' = \frac{(2-\alpha)V}{2}$$

因此

$$c(A) = \frac{n(A)}{V'} = \frac{2-2\alpha}{\frac{(2-\alpha)V}{2}} \text{ mol/L}$$

【例2.6】把0.6 mol X气体和0.6 mol Y气体混合于2 L密闭容器中，使它们发生如下反应：$2X(g) + Y(g) = nZ(g) + 2W(g)$，2 min末已生成0.2 mol W。若以Z的浓度变化表示的反应速率为0.1 mol/(L·min)，计算：

（1）前2 min内用X的浓度变化表示的平均反应速率。
（2）2 min末Y的浓度。
（3）化学反应方程式中n的值。

【解析】直接根据题意列出三段式：

	$2X(g)$	$+ Y(g)$	$= nZ(g)$	$+ 2W(g)$
反应前的物质的量	0.6	0.6	0	0
反应掉的物质的量			0.1×2×2=0.4	
反应后的物质的量				0.2

再根据方程式系数和三行数据之间的联系，将其他的空补齐：

	$2X(g)$	$+ Y(g)$	$= nZ(g)$	$+ 2W(g)$
反应前的物质的量	0.6	0.6	0	0
反应掉的物质的量	0.2	0.1	0.1×2×2=0.4	0.2
反应后的物质的量	0.4	0.5	0.4	0.2

第（1）问：

$$v(X) = \frac{\Delta n(X)}{V \cdot t} = \frac{0.2 \text{ mol}}{2 \text{ L} \cdot 2 \text{ min}} = 0.05 \text{ mol/(L·min)}$$

第（2）问：$c(Y) = 0.5 \text{ mol} \div 2 \text{ L} = 0.25 \text{ mol/L}$。

第（3）问：比较第二行数据，根据速率比等于系数比，可以看出$n = 4$。

2.2 影响化学反应速率的因素

我们都知道,在不同的条件下,化学反应速率是不一样的,比如食物在夏天比冬天更容易腐败(图2.3),这显然是温度的作用;浓盐酸和Zn反应产生H_2的速率比稀盐酸快,这显然是浓度的作用;过氧化氢分解产生氧气,有催化剂时和没有催化剂时,反应速率差异很大,这显然是催化剂的作用。那么,温度、浓度、催化剂为什么能影响化学反应速率呢?

食物腐败 | 图2.3

2.2.1 碰撞理论

20世纪以来,反应速率的研究取得了进展。1918年,路易斯(G. N. Lewis)在气体分子运动理论的基础上提出了化学反应速率的碰撞理论。该理论认为,反应物分子间的相互碰撞是反应进行的先决条件,反应物分子碰撞频率越高,反应速率越快。以$H_2(g) + I_2(g) = 2HI(g)$为例,想要发生反应,首先氢分子和碘分子要发生碰撞,将旧键撞断,然后形成新键。这就有两个基本要求:第一,分子的能量要足够高,足够"撞断"旧键;第二,碰撞方向要合适,否则旧键虽然撞断,但是无法及时生成新键,还是无法完成反应。

我们把能发生化学反应的分子碰撞称为**有效碰撞**(effective collision);一个化学反应发生所需的最低能量,称为**活化能**(activation energy);能量高于活化能的分子,称为**活化分子**(activated molecule)。发生有效碰撞的分子一定是活化分子,而活化分子只有碰撞方向合适时才能发生有效碰撞,如图2.4所示。

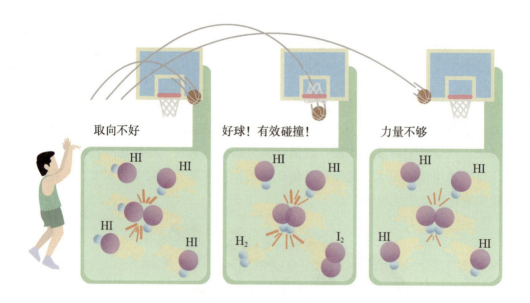

微件　有效碰撞理论 | 图 2.4

根据碰撞理论，只要我们能够提高活化分子的浓度，就可以提高活化分子的碰撞频率，从而提高化学反应速率。那么如何才能提高活化分子的浓度呢？

（1）升温

升高温度可以让分子运动加快，提高分子的能量，从而使更多的分子变为活化分子，提高了活化分子的百分数，也就提高了活化分子的浓度，如图2.5所示。

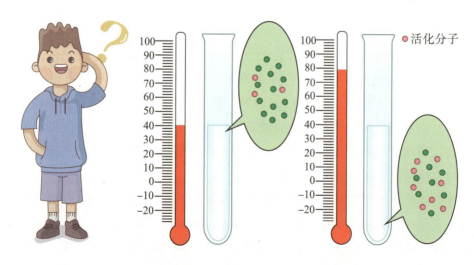

微件　温度对反应速率的影响 | 图 2.5

（2）提高反应物浓度

如果在一个固定容积的容器中多加一些反应物,那么反应物分子浓度增大,活化分子的浓度也随之增大,所以反应速率加快(注意:没有提高活化分子百分数),如图2.6所示。

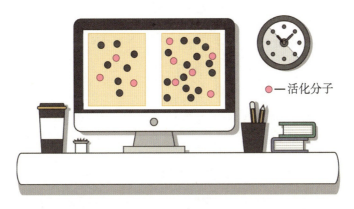

微件　浓度对反应速率的影响｜图2.6

（3）加入催化剂

加入催化剂,实际上改变了反应途径,降低了反应所需的最低能量(即活化能),这样,原本还算不上活化分子的一些分子也变成了活化分子,从而提高了活化分子的百分数,也就提高了活化分子的浓度,如图2.7所示。

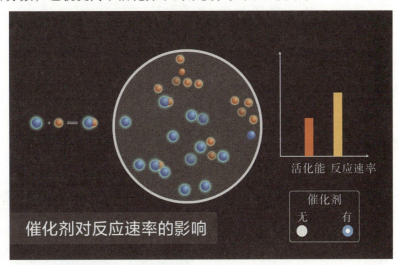

微件　催化剂对反应速率的影响｜图2.7

知识拓展

催化作用

催化剂在化学反应中是<u>参与化学反应的</u>！一个原本一步发生的反应，如果加了催化剂，至少会分为两步，例如过氧化氢的分解（图2.8）：

没加催化剂：$2H_2O_2 == 2H_2O + O_2\uparrow$。

加了催化剂A之后的可能反应途径：$H_2O_2 + A \rightarrow B$，$B \rightarrow H_2O + O_2\uparrow + A$。

两步反应的活化能都很低，这就加快了反应速率！B叫作中间产物（intermediate product）。

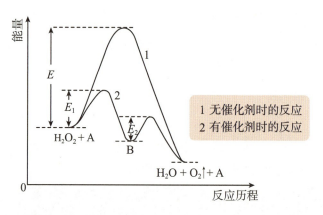

微件　催化作用 | 图2.8

（4）加压

在本章中，<u>改变压强默认改变体积，加压即压缩体积</u>。很显然，体积一旦被压缩，分子的浓度必然增大，活化分子的浓度也随之增大，所以反应速率加快（注意：这里也没有提高活化分子的百分数），如图2.9所示。

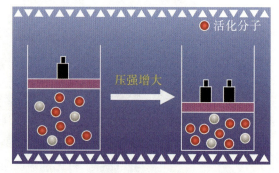

微件　压强对反应速率的影响 | 图2.9

2.2.2 外界条件对化学反应速率的影响

之前我们用碰撞模型在理论层面上分析了可能影响化学反应速率的因素,现在我们用实验进行探究。

1. 温度对化学反应速率的影响

(1)化学反应:硫代硫酸钠在酸性溶液中的歧化反应(图2.10)。

$$Na_2S_2O_3 + H_2SO_4 = S\downarrow + SO_2 + H_2O + Na_2SO_4$$

(2)反应现象:一段时间后,溶液变浑浊(生成单质硫)。

(3)反应快慢的判断依据:出现浑浊所需要的时间(两支试管放在不同温度的水浴中)。

(4)结论:一定范围内,温度越高,反应速率越快。

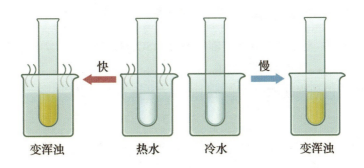

视频 硫代硫酸钠在酸性溶液中的歧化反应 | 图2.10

2. 浓度对化学反应速率的影响

(1)化学反应:草酸与酸性高锰酸钾溶液的反应(图2.11)。

$$5H_2C_2O_4 + 2KMnO_4 + 3H_2SO_4 = 10CO_2\uparrow + 2MnSO_4 + K_2SO_4 + 8H_2O$$

(2)反应现象:高锰酸钾溶液褪色。

(3)反应快慢的判断依据:高锰酸钾溶液完全褪色所需要的时间。

(4)结论:一定范围内,反应物浓度越大,反应速率越快。

(5)注意事项:只能改变草酸的浓度,<u>不可以改变高锰酸钾的浓度</u>!因为高锰酸钾的浓度一旦改变,则反应起始颜色就变了,不符合控制变量的要求。

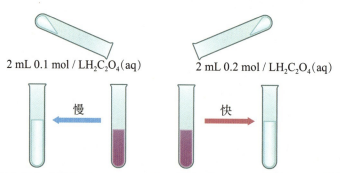

视频　草酸与酸性高锰酸钾的反应｜图 2.11

3. 催化剂对化学反应速率的影响

（1）化学反应：过氧化氢在不同催化剂（$CuSO_4$/$FeCl_3$）下的分解反应（图2.12）。

（2）反应现象：冒出大量的气泡。

（3）反应快慢的判断依据：单位时间内产生氧气的体积。

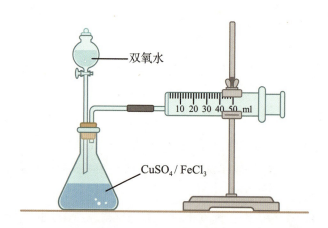

视频　过氧化氢在不同催化剂($CuSO_4$/$FeCl_3$)下的分解反应｜图 2.12

4. 压强对化学反应速率的影响

在这里我们所说的改变压强，默认是改变容器的体积！也就是说，加压，即缩小容器体积；减压，即增大容器体积！改变容器体积，也就是改变物质的浓度（图2.13中甲、乙容器），我们只需要考虑浓度对反应速率的影响。加压使反应速率增大，减压使反应速率减小。

这里会存在一个误区：往一个恒容容器中（体积不能发生变化）充入N_2和H_2，发生反应$N_2(g) + 3H_2(g) \rightleftharpoons 2NH_3(g)$，此时充入一定量的He气，则反应速率是否发生变化（图2.13中甲、丙容器）？有同学认为会发生变化，因为容器的压强增大了。但是，这里并不符合我们所说的"减小体积来增大压强"。容器的压强确实增大了，但是容器的体积没变，也就是说，这个反应的反应物浓度并没有发生变化，反应速率自然也就不会改变。

实际上，我们所说的"加压使反应速率增大，减压使反应速率减小"，指的并不是容器的压强，而是某个物质的分压。某物质的分压 = 总压 × 该物质的百分含量，有一点"权重"的意味在里面，物质所占的比例大，分压也就大。因此，只有改变物质的分压，才能改变物质的浓度，也才能改变物质的化学反应速率。

回到原来的问题，充入He气后，体系的总压增大，但同时由于外来气体增多，N_2、H_2的百分含量也降低了，因此分压并没有发生变化。

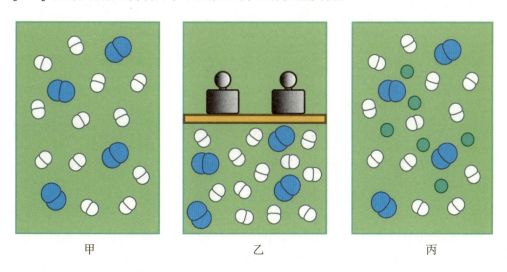

微件　加压对合成氨速率的影响｜图2.13

2.3 化学平衡

2.3.1 可逆反应

在炼铁的历史中,"高炉炼铁之谜"已流传已久:用焦炭炼铁,产生的CO将铁矿石还原,生成Fe和CO_2。但是人们发现排出的废气中总是含有一定量的CO,一开始人们认为是因为反应不够充分,于是改造高炉,延长反应时间,结果发现排出的废气中CO的含量一点都没有减少!这是怎么回事呢?

后来科学家大胆假设:这个化学反应是有限度的,也就是反应不完。这就是我们要讨论的"可逆反应"。

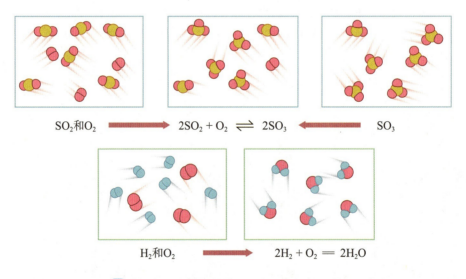

微件 可逆反应与不可逆反应 | 图 2.14

在一定条件下,既可以正向进行又可以逆向进行的化学反应,称为可逆反应(reversible reaction)。一定要注意,这里强调"同一条件下"和"同时",像氢气的燃烧和水的电解这一对反应就不属于可逆反应,因为它们不是在同一条件下发生的。

在可逆反应中[以$N_2(g) + 3H_2(g) \rightleftharpoons 2NH_3(g)$为例],要注意:
① 正方向:规定向右反应为正方向。

② 逆方向：规定向左反应为逆方向。
③ $v_正$：向右反应的反应速率，$v_正(N_2)$指的是N_2的消耗速率，而$v_正(NH_3)$指的是氨气的生成速率。
④ $v_逆$：向左反应的反应速率，$v_逆(N_2)$指的是N_2的生成速率，而$v_逆(NH_3)$指的是氨气的消耗速率。

对于可逆反应而言，反应物是反应不完的，最终会达到反应物和生成物稳定共存的状态！

2.3.2 化学平衡状态

1. 化学平衡状态的概念和特点

对于可逆反应而言，当往密闭容器中充入反应物时，在一定条件下，反应开始发生，这时$v_正$很大，$v_逆$为0。随着反应的进行，反应物浓度越来越低，生成物浓度越来越高，所以$v_正$越来越小，$v_逆$越来越大，最终$v_正$等于$v_逆$，也就是对某一物质而言，消耗速率与生成速率恰好相等，这个反应看起来就"停止了"，这就是化学平衡状态（chemical equilibrium state），如图2.15所示。

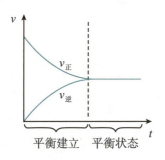

在一定条件下的可逆反应中$v_正$和$v_逆$随时间变化的示意图 | 图2.15

化学平衡状态最大的特点有两个：
a. 对任一物质而言，$v_正 = v_逆$。
b. 对任一物质而言，$v_正 = v_逆 \neq 0$！这是一个动态平衡的过程，而不是静态平衡！反应依然在进行，只不过正反应速率恰好等于逆反应速率，看上去反应物不再减少！动态平衡的意义在于，只要改变反应条件，令$v_正 \neq v_逆$，那么反应就可以向我们所希望的方向移动！

2. 化学平衡状态的判断

当一个可逆反应开始进行时，如何判断该反应达到平衡了呢？下面我们以反应 $aA(g) + bB(g) \rightleftharpoons cC(g) + dD(g)$ 为例。

（1）从速率角度看

当 $v_{正}(A) : v_{逆}(B) = a : b$ 时，该反应达到平衡（即某物质的正反应速率与另一物质的逆反应速率之比等于系数比时，该反应达到平衡）。

关键：速率比等于系数比；一正一逆。

> **主编寄语**
>
> ① 对于一个化学反应而言，$v_{正}(A) : v_{正}(B) = a : b$ 是恒成立的，当反应达到平衡时，有 $v_{正}(B) = v_{逆}(B)$，代入恒等式即得判定式。
>
> ② 一般习题不用这样的除式进行考查，而是考查乘式，此处一定要注意系数关系。

（2）从现象角度看

凡是一切正在发生改变的物理量不再发生变化时，该反应达到平衡。

关键：不再发生变化。

> **主编寄语**
>
> ① 这里的物理量包括浓度、压强、温度、气体密度、平均相对分子质量等等。
>
> ② 一定要关注题中所给出的物理量是否为一个正在改变的量！

【例2.7】对于可逆反应 $2NO_2(g) \rightleftharpoons 2NO(g) + O_2(g)$，在体积固定的密闭容器中，达到平衡状态的标志是（　　）。

① 单位时间内生成 n mol O_2 的同时生成 $2n$ mol NO_2

② 单位时间内生成 n mol O_2 的同时生成 $2n$ mol NO

③ 用 NO_2、NO、O_2 表示的反应速率之比为 2：2：1 的状态

④ 混合气体的颜色不再改变的状态

⑤ 混合气体的密度不再改变的状态

⑥ 混合气体的压强不再改变的状态

⑦ 混合气体的平均相对分子质量不再改变的状态

【解析】① 生成n mol O_2，反应是向右的；生成$2n$ mol NO_2，反应是向左的，满足"一正一逆"的要求；且单位时间内生成量之比（速率比）正好等于系数比，能说明反应达到平衡。

② 生成n mol O_2，反应是向右的；生成$2n$ mol NO，反应还是向右的，不满足"一正一逆"的要求，故不能说明。

③ 未说明是正反应速率还是逆反应速率，故不能说明。

④ 只有NO_2有颜色，气体颜色不变，则表示NO_2的浓度不再变化，说明反应已达到平衡。

⑤ 根据气体密度计算公式，气体密度等于气体质量除以气体的体积，而本题中反应前后所有物质都是气体，所以气体总质量不变，而容器体积固定，则气体密度始终不变，就不能用气体密度来判定反应是否平衡了。

⑥ 这是一个恒容容器，根据理想气体状态方程$pV = nRT$，V、T不变，则气体的压强正比于气体的总物质的量。我们发现该反应的可逆符号前后气体物质的量不同，因此反应过程中容器的压强必然发生变化，当压强不变时，该反应达到平衡。

⑦ 考察平均相对分子质量，我们就要考察气体的总质量和气体的总物质的量，这就好比计算一个班级同学的平均质量，我们要求所有同学的总质量，再除以人数。该反应前后所有物质都是气体，所以气体总质量不变；可逆符号前后气体物质的量不同，因此气体总物质的量在变，所以平均相对分子质量就是一个正在改变的量，那么当它不再发生变化时，该反应达到平衡。

3. 平衡常数入门

在一个可逆反应达到化学平衡后，看上去反应似乎静止了，这个体系中会不会隐藏着什么数学规律呢？我们从化学平衡的本质——化学反应速率入手，来一探究竟。

对于任意基元反应$aA(g) + bB(g) \rightleftharpoons cC(g) + dD(g)$，人们发现$v_{正} = k_1 c^a(A) \cdot c^b(B)$，即正反应速率正比于A的浓度的$a$次方，也正比于B的浓度的$b$次方，写成总比例式，比例系数为$k_1$，并且发现该比例系数只与温度有关（假设无催化剂）。这个式子是怎么发现的呢？其实非常简单，就是用控制变量法，比如保证B的浓度不变，只改变A的浓度，测出反应速率与A的浓度之间的关系即可。

同理，$v_逆 = k_2 c^c(C) \cdot c^d(D)$，比例系数$k_2$也只与温度有关（假设无催化剂）。这两个式子分别叫作正、逆反应的速率方程。当可逆反应达到化学平衡时，$v_正 = v_逆$，于是有

$$k_1 c^a(A) \cdot c^b(B) = k_2 c^c(C) \cdot c^d(D)$$

移项，得

$$\frac{c^c(C) \cdot c^d(D)}{c^a(A) \cdot c^b(B)} = \frac{k_1}{k_2} = K$$

这里的K也是只与温度有关的量，与各物质初始浓度无关，与是否加催化剂也无关（催化剂对反应速率的影响在做除法时已经消除），这就叫作反应$aA(g) + bB(g) \rightleftharpoons cC(g) + dD(g)$的**化学平衡常数**（chemical equilibrium constant）！它等于生成物的浓度幂之积与反应物的浓度幂之积的比值，用符号K表示，只与温度有关！

注意三个关键点：

（1）状态标注为l、s的物质不列入平衡常数表达式中，因为它们的浓度视为1。

（2）平衡常数有可能有单位，关键看$a + b$与$c + d$的相对大小，一般不带单位，当然带上单位会更加规范。

（3）平衡常数除了用浓度代入上述表达式以外，还有另外两种表达方式：

① 分压平衡常数K_p：

$$K_p = \frac{p^c(C) \cdot p^d(D)}{p^a(A) \cdot p^b(B)}$$

其中，$p(A)$指的是A在平衡体系中的分压，即某物质的分压 = 总压×该物质的百分含量。

分压和浓度有着本质的相似性，只有改变物质的浓度或者分压，反应速率才会改变。在计算时，分压可以当作浓度来计算！例如2018年全国I卷理综化学的一道题：

【例2.8】采用N_2O_5为硝化剂是一种新型的绿色硝化技术，在含能材料、医药等工业中得到广泛应用。回答下列问题：

（1）1840年，Devil用干燥的氯气通过干燥的硝酸银得到N_2O_5。该反应的氧化产物是一种气体，其分子式为_____。

（2）F. Daniels等曾利用测压法在刚性反应器中研究了25 ℃时$N_2O_5(g)$的分解反应：

$$2N_2O_5(g) \rightarrow 4NO_2(g) + O_2(g)$$
$$\rightleftharpoons$$
$$2N_2O_4(g)$$

其中NO_2二聚为N_2O_4的反应可以迅速达到平衡。体系的总压强p随时间t的变化如下表所示（$t = \infty$时，$N_2O_5(g)$完全分解）：

t / min	0	40	80	160	260	1300	1700	∞
p / kPa	35.8	40.3	42.5	45.9	49.2	61.2	62.3	63.1

① 已知：
$$2N_2O_5(g) = 2N_2O_4(g) + O_2(g) \quad \Delta H_1 = -4.4 \text{ kJ/mol}$$
$$2NO_2(g) = N_2O_4(g) \quad \Delta H_2 = -55.3 \text{ kJ/mol}$$

则反应$N_2O_5(g) = 2NO_2(g) + \frac{1}{2}O_2(g)$中的$\Delta H = $ _____ kJ/mol。

② 研究表明，$N_2O_5(g)$分解的反应速率$v = 2 \times 10^{-3} \times p_{N_2O_5}$ kPa/min。$t = 62$ min时，测得体系中$p_{O_2} = 2.9$ kPa，则此时的$p_{N_2O_5} = $ _____ kPa，$v = $ _____ kPa/min。

③ 25 ℃时$N_2O_4(g) \rightleftharpoons 2NO_2(g)$反应的平衡常数$K_p = $ _____ kPa（K_p为以分压表示的平衡常数，计算结果保留1位小数）。

【解析】 本题中出现的p_{O_2}指的就是O_2在体系中的分压。

（1）氯气在反应中得到电子作氧化剂，硝酸银中只有氧元素化合价会升高，所以氧化产物是氧气，分子式为O_2。

（2）① 已知
$$2N_2O_5(g) = 2N_2O_4(g) + O_2(g) \quad \Delta H_1 = -4.4 \text{ kJ/mol} \quad ①$$
$$2NO_2(g) = N_2O_4(g) \quad \Delta H_2 = -55.3 \text{ kJ/mol} \quad ②$$

根据盖斯定律可知，① ÷ 2 − ②即可得到
$$N_2O_5(g) = 2NO_2(g) + \frac{1}{2}O_2(g) \quad \Delta H = +53.1 \text{ kJ/mol}$$

② 列出三段式（彩色数据为已知量）：

	$N_2O_5(g) =$	$2NO_2(g) +$	$\frac{1}{2}O_2(g)$
反应前的分压	35.8	0	0
反应掉的分压	5.8	11.6	2.9
反应后的分压	30.0	11.6	2.9

因此N_2O_5的分压是35.8 kPa − 5.8 kPa = 30.0 kPa，此时反应速率v = 2.0 × 10^{-3} × 30 = 6.0 × 10^{-2}（kPa/min）。

③ 根据方程式$N_2O_5(g) \rightleftharpoons 2NO_2(g) + \frac{1}{2}O_2(g)$，可以算出35.8 kPa的$N_2O_5$完全反应时，生成35.8 kPa × 2 = 71.6 kPa的NO_2和35.8 kPa ÷ 2 = 17.9 kPa的O_2，总压强为71.6 kPa + 17.9 kPa = 89.5 kPa。但是由上表中数据可知最终总压强是63.1 kPa，这表明NO_2转化为N_2O_4达到平衡后压强减少了89.5 kPa − 63.1 kPa = 26.4 kPa。再列出三段式：

	$2NO_2(g) \rightleftharpoons N_2O_4(g)$	
反应前的分压	71.6	0
反应掉的分压	x	$0.5x$
反应后的分压	$71.6 - x$	$0.5x$

因此$71.6 - x + 0.5x - 71.6 = -26.4$，解得$x = 52.8$。

故平衡后，N_2O_4的分压是26.4 kPa，NO_2的分压是71.6 kPa − 52.8 kPa = 18.8 kPa，反应$N_2O_4(g) \rightleftharpoons 2NO_2(g)$的平衡常数为

$$K_p = \frac{18.8^2}{26.4} \text{ kPa} \approx 13.4 \text{ kPa}$$

② 物质的量分数平衡常数K_x：

$$K_x = \frac{x^c(C) \cdot x^d(D)}{x^a(A) \cdot x^b(B)}$$

其中，$x(A)$指的是A的百分含量，也就是物质的量分数。

> **主编寄语**
>
> 平衡常数的计算是高考的考查重点，它本身不难，只要能够正确运用三段式，并且正确写出平衡常数表达式，剩下的就是数学问题了。如果遇到平衡常数的计算，大家一定要准备一张干净的草稿纸，耐心计算，相信自己是可以的！

4. 平衡移动及其影响因素——勒夏特列原理

在一个可逆反应达到化学平衡之后，如果改变外界条件（温度、压强或浓

度），使得$v_正 ≠ v_逆$，则原有化学平衡被破坏，体系中生成物（或反应物）的量会继续增加（或减少），直至$v_正$重新等于$v_逆$，达到新的平衡状态，这个过程就叫作**化学平衡的移动**（shift of chemical equilibrium）。很显然，影响到化学反应速率的外界因素，就有可能使化学平衡发生移动。

（1）温度

升高温度是有利于吸热反应的，大量实验也证明了这一点。给一个充满NO_2气体的球加热，如图2.16所示，已知球内存在以下平衡：$2NO_2(g) \rightleftharpoons N_2O_4(g)$，$\Delta H < 0$，发现球的颜色加深，说明$NO_2$浓度增大，平衡向左移动。

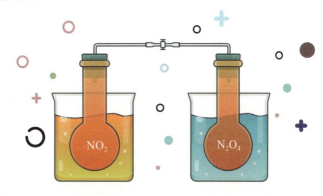

微件　温度对NO_2和N_2O_4转化平衡的影响｜图2.16

我们用v-t图来表示化学平衡移动的过程。

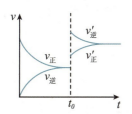

正、逆反应速率随时间变化的示意图｜图2.17

① 在达到化学平衡后，t_0时刻，升高体系温度，则$v_正$、$v_逆$都增大，起点在原平衡点上方，而由于逆反应是吸热的，所以$v_逆$增大更多，得到新图像，因而$v'_逆 > v'_正$，平衡向逆反应方向移动，如图2.17所示。

② 在达到化学平衡后，t_0时刻，降低体系温度，则$v_正$、$v_逆$都减小，起点在原平衡点下方，而由于正反应是放热的，所以$v_逆$减小更多，得到新图像，因而$v'_正 > v'_逆$，平衡向正反应方向移动，如图2.18所示。

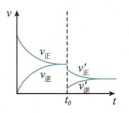

正、逆反应速率随时间变化的示意图｜图2.18

（2）浓度

根据速率方程，当改变某物质浓度时，相应的速率就会发生改变。我们用v-t图来表示化学平衡移动的过程。对于反应$aA(g) + bB(g) \rightleftharpoons cC(g) + dD(g)$，达到化学平衡后，$t_0$时刻：

① 增大反应物浓度。

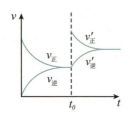

正、逆反应速率随时间变化的示意图 | 图2.19

反应物代表了正方向，则正反应速率$v_正$与反应物A、B的浓度存在如下关系：$v_正 = k_1 c^a(A) \cdot c^b(B)$，增大反应物浓度，则$v_正$增大，而此时由于生成物浓度暂时没变，所以$v_逆$不变，因而$v'_正 > v'_逆$，平衡向正反应方向移动，如图2.19所示。

② 减小反应物浓度。

反应物代表了正方向，$v_正 = k_1 c^a(A) \cdot c^b(B)$，减小反应物浓度，则$v_正$减小，而此时由于生成物浓度暂时没变，所以$v_逆$不变，因而$v'_正 < v'_逆$，平衡向逆反应方向移动，如图2.20所示。

③ 增大生成物浓度。

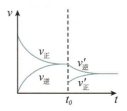

正、逆反应速率随时间变化的示意图 | 图2.20

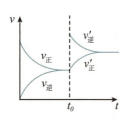

正、逆反应速率随时间变化的示意图 | 图2.21

④ 减小生成物浓度。

生成物代表了逆方向，$v_逆 = k_2 c^c(C) \cdot c^d(D)$，减小生成物浓度，则$v_逆$减小，而此时由于反应物浓度暂时没变，所以$v_正$不变，因而$v'_正 > v'_逆$，平衡向正反应方向移动，如图2.22所示。

生成物代表了逆方向，$v_逆 = k_2 c^c(C) \cdot c^d(D)$，增大生成物浓度，则$v_逆$增大，而此时由于反应物浓度暂时没变，所以$v_正$不变，因而$v'_逆 > v'_正$，平衡向逆反应方向移动，如图2.21所示。

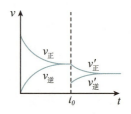

正、逆反应速率随时间变化的示意图 | 图2.22

（3）压强

考虑反应$aA(g) + bB(g) \rightleftharpoons cC(g) + dD(g)$，反应达到平衡后，$t_0$时刻，改变容器体积，使各物质浓度瞬间同时变为原来的x倍，根据速率方程，加压之前，$v_正 = k_1 c^a(A) \cdot c^b(B) = v_逆 = k_2 c^c(C) \cdot c^d(D)$，加压之后，$v'_正 = k_1 [xc(A)]^a \cdot [xc(B)]^b =$

$k_1 c^a(A) \cdot c^b(B) \cdot x^{a+b} = x^{a+b} v_正$,同理,$v'_逆 = x^{c+d} v_逆$。

① 压缩容器体积(加压),则 $x > 1$,所有物质浓度增加,$v_正$、$v_逆$ 都升高,新起点应在原平衡点上方,$v_正$ 增大为原来的 x^{a+b} 倍,$v_逆$ 增大为原来的 x^{c+d} 倍,则:

若 $a+b > c+d$,则 $v'_正 > v'_逆$,平衡向正反应方向移动,如图2.23(a)所示;

若 $a+b < c+d$,则 $v'_正 < v'_逆$,平衡向逆反应方向移动,如图2.23(b)所示;

若 $a+b = c+d$,则 $v'_正 = v'_逆$,平衡不移动,如图2.23(c)所示。

结论:压缩容器体积,平衡向气体分子数减少的方向移动。

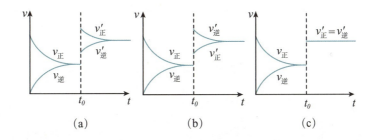

正、逆反应速率随时间变化的示意图 | 图2.23

② 扩大容器体积(减压),则 $x < 1$,所有物质浓度减小,$v_正$、$v_逆$ 都降低,新起点应在原平衡点下方,$v_正$ 减小为原来的 $1/x^{a+b}$,$v_逆$ 减小为原来的 $1/x^{c+d}$,则:

若 $a+b > c+d$,则 $v'_正 < v'_逆$,平衡向逆反应方向移动,如图2.24(a)所示;

若 $a+b < c+d$,则 $v'_正 > v'_逆$,平衡向正反应方向移动,如图2.24(b)所示;

若 $a+b = c+d$,则 $v'_正 = v'_逆$,平衡不移动,如图2.24(c)所示。

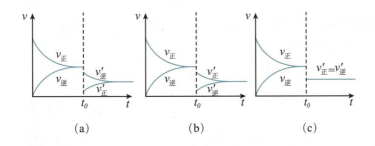

正、逆反应速率随时间变化的示意图 | 图2.24

结论:扩大容器体积,平衡向气体分子数增多的方向移动。

这两个结论其实非常容易理解,一般来说,地方大了,人自然就会多些;地方小了，人自然就会少些。

（4）催化剂

在反应达到平衡后，t_0时刻加入催化剂，同等程度地改变了$v_正$和$v_逆$，因此$v_正$和$v_逆$"同上或同下"，平衡不移动，如图2.25（a）和（b）所示。

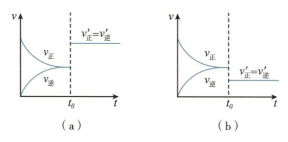

正、逆反应速率随时间变化的示意图 | 图 2.25

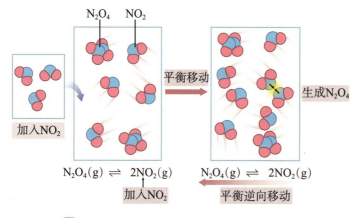

微件　影响化学平衡的因素 | 图 2.26

综上所述，对于一个均相可逆反应而言，改变一个外界条件（温度、浓度或者压强），平衡会向着减弱这种改变的方向移动，这就是著名的勒夏特列原理（Le Chatelier's principle），也叫平衡移动原理，如图2.26所示。该原理是由法国化学家勒夏特列（图2.27）于1888年发现的。

关于勒夏特列原理，需注意以下几点：

① 改变的外界条件仅限于温度、浓度、压强（容器体积）等可能改变反应速率的因素。

② 体系总有一定的"维稳"性，即会抵抗这种改变。例如，如果升高体系温度，那么反应就会向吸热的方向移动，来降低体系温度；如果增大体系压强，那么反应就会向分子数减小的方向移动，来降低体系压强。

亨利·路易·勒夏特列
(Henri Louis Le Chatelier) | 图 2.27

③ "减弱"而不"抵消"。如图2.28所示，容器中充满NO_2气体，存在平衡$2NO_2(g) \rightleftharpoons N_2O_4(g)$，瞬间加压，然后平衡右移，再达到新平衡，我们有$c_丙(NO_2) < c_乙(NO_2)$，这叫"减弱"；$c_丙(NO_2) > c_甲(NO_2)$，这叫"不抵消"。也就是虽然从乙到丙，由于平衡右移，NO_2浓度降低，但是不会降得比之前的甲还低。

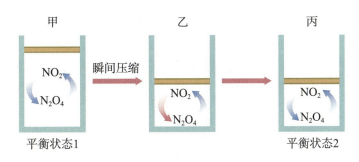

加压对NO_2气体平衡移动影响的示意图｜图2.28

④ 均相反应是指方程式中所有物质都是气态（g）或者水溶液（aq）的反应，勒夏特列原理是基于均相反应总结出的经验规律。对于非均相反应，不可照搬，例如$A(g) \rightleftharpoons B(s)$，达到平衡后，再充入A，平衡右移，但是达到新平衡后，A的浓度依然和旧平衡相同，因为该反应的平衡常数表达式为$K = \dfrac{1}{c(A)}$，没有改变温度，所以平衡常数也不发生变化，A的浓度也就不发生变化。

另外，还有一些典型的不能用勒夏特列原理解释的现象：

① 非可逆反应。

② 改变了不能使平衡发生移动的条件。勒夏特列原理本身是平衡移动原理，平衡发生移动才能用该原理解释，如果没有移动，就不能用该原理解释。

③ 使用了"相反"的条件。例如工业合成氨，其流程如图2.29所示，$N_2(g) + 3H_2(g) \rightleftharpoons 2NH_3(g)$，$\Delta H < 0$，采用的条件是"高温、高压、催化剂"。使用催化剂，是为了加快反应速率，但是和平衡移动没有关系；使用高压，符合勒夏特列原理，因为右边气体分子数少，增大压强，有利于平衡右移；使用高温，就不符合勒夏特列原理了，因为正反应放热，想要提高产物的浓度，使平衡右移，应该采用低温才对，可是工业上为什么采用高温呢？这是因为该反应所使用的催化剂在较高温度下才有活性，人们为了提高单位时间内氨气的产量，自然就要考虑催化剂活性越大越好。

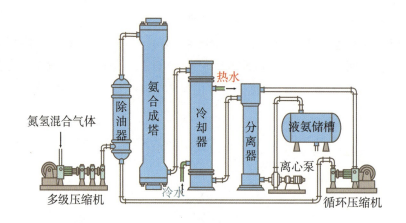

工业合成氨的流程示意图 | 图 2.29

知识拓展

惰性气体对化学平衡的影响

恒温恒容时，充入"惰性气体"，反应体系中各组分的物质的量不变，即反应体系中各组分的浓度不变，所以平衡不发生移动。

恒温恒压时，充入"惰性气体"，导致容器体积增大，而反应体系中各组分的物质的量不变，所以反应体系中各组分的浓度减小，即体系中各组分所占分压减小，从而平衡向着气体分子数增多的方向移动。

注意："惰性气体"指与反应体系中各组分都不反应的气体，不只是稀有气体。如 $H_2 + I_2 \rightleftharpoons 2HI$，若加入 N_2，由于 N_2 不与各组分反应，因此对本反应而言它属于"惰性气体"。

5. 平衡常数的应用

（1）判断反应的热效应

当一个化学反应达到平衡后，测出该温度下的平衡常数 K；此时给体系升温，待达到新的平衡后，测出此时的平衡常数 K'。若 $K' > K$，则说明升高温度后，生成物浓度增大，平衡右移，故正反应是吸热反应。

（2）K与反应物转化率的换算

【例2.9】在一定温度下往一个容积可变的恒压容器中充入2 mol A和2 mol B，此时容器体积为V，发生如下反应：$A(g) + B(g) \rightleftharpoons C(g)$，达到平衡后，测得A的转化率为$\alpha$，求该反应在该温度下的平衡常数。

【解析】要求出平衡常数，就是要求出平衡后所有物质的浓度。

列出三段式：

$$A(g) + B(g) \rightleftharpoons C(g)$$

反应前的物质的量	2	2	0
反应掉的物质的量	2α	2α	2α
平衡后的物质的量	$2-2\alpha$	$2-2\alpha$	2α

根据三段式求出各物质的物质的量，想求浓度，还差体积。

此时容器体积还是V吗？显然不是！这是一个反应后气体分子数减少的反应，又是一个恒压容器，则容器体积会发生变化！

根据理想气体状态方程$pV = nRT$，可知恒温恒压条件下气体体积之比等于物质的量之比，即

$$\frac{反应前气体体积}{反应后气体体积} = \frac{反应前气体总物质的量}{反应后气体总物质的量}$$

故

$$\frac{V}{V'} = \frac{2+2+0}{2-2\alpha+2-2\alpha+2\alpha}$$

解得

$$V' = \frac{(2-\alpha)V}{2}$$

因此

$$c(A) = \frac{n(A)}{V'} = \frac{2-2\alpha}{\frac{(2-\alpha)V}{2}} \text{ mol/L}$$

$$c(B) = \frac{n(B)}{V'} = \frac{2-2\alpha}{\frac{(2-\alpha)V}{2}} \text{ mol/L}$$

$$c(C) = \frac{n(C)}{V'} = \frac{2\alpha}{\frac{(2-\alpha)V}{2}} \text{ mol/L}$$

从而

$$K = \frac{c(C)}{c(A)\cdot c(B)} = \frac{\frac{2\alpha}{\frac{(2-\alpha)V}{2}}}{\frac{2-2\alpha}{\frac{(2-\alpha)V}{2}} \cdot \frac{2-2\alpha}{\frac{(2-\alpha)V}{2}}} = \frac{\alpha(2-\alpha)V}{(2-2\alpha)^2}$$

（3）判断化学平衡在某时刻正在往哪个方向移动

在一定温度下，无论如何投料，达到平衡状态时，平衡常数均不会发生变化。这就给我们提供了一种判断反应是否达到平衡的方法：把所有物质的浓度代入平衡常数计算式，如果计算出的值比K大，则说明反应超过了反应限度，此时正在逆向移动；如果计算出的值比K小，则说明反应还没有达到平衡，此时正在正向移动；如果计算出的值正好等于K，则说明恰好平衡。

在反应还没有达到平衡时，用平衡常数表达式计算出来的数值称为**浓度熵**（concentration entropy），符号为Q_c。比较Q_c与K的大小，就可以判断化学平衡在此时刻正在往哪个方向移动。

然而，这一切的前提是已知K的数值。如果题目未给，那么一定有条件可以先计算出K值。

【例2.10】往一个容积为2 L的恒容密闭容器中充入2 mol N_2和4 mol H_2，发生反应$N_2(g) + 3H_2(g) \rightleftharpoons 2NH_3(g)$，达到平衡后，$N_2$的转化率为40%；此时再充入1 mol N_2和1 mol NH_3，则平衡往哪个方向移动？

【解析】先计算平衡常数K，列出三段式：

$$N_2(g) + 3H_2(g) \rightleftharpoons 2NH_3(g)$$

反应前的物质的量	2	4	0
反应掉的物质的量	2×40%	3×2×40%	2×2×40%
平衡后的物质的量	1.2	1.6	1.6
平衡后的浓度	0.6	0.8	0.8
再充入后的物质的量	2.2	1.6	2.6
再充入后的浓度	1.1	0.8	1.3

$$K = \frac{0.8^2}{0.8^3 \times 0.6} = \frac{1}{0.48}$$

$$Q_c = \frac{1.3^2}{0.8^3 \times 1.1}$$

如何比较Q_c和K的大小？

可以直接计算，也可以采用作商法来比较，加以适当的估算即可。

$$\frac{K}{Q_c} = \frac{0.8^2 \times 1.1}{1.3^2 \times 0.6} = \frac{0.8^2}{1.3^2} \times \frac{1.1}{0.6} \approx \frac{0.8^2}{1.2^2} \times \frac{1.2}{0.6} = 0.67^2 \times 0.5 < 1$$

因而Q_c偏大，说明反应超过了反应限度，此时平衡左移。

> **主编寄语**
>
> 如上式所示的放缩估算法，需要对数字有一种敏感性，否则容易放缩出错；不放心的同学，还是老老实实计算一下吧。

2.4 化学平衡的应用

2.4.1 反应物的转化率

同学们在学习化学平衡时，经常把平衡正向移动与反应物转化率的提高等同起来，其实平衡正向移动与反应物转化率的提高并无必然联系，需要根据具体情况进行分析。

1. 不涉及反应物/生成物的量的变化

（1）改变温度，若引起平衡向正反应方向移动，则反应物的转化率一定增大；反之，若引起平衡向逆反应方向移动，则反应物的转化率一定减小。

（2）改变压强（改变容积），若引起平衡向正反应方向移动，则反应物的转化率一定增大；反之，若引起平衡向逆反应方向移动，则反应物的转化率一定减小。

2. 涉及反应物/生成物的量的变化

已知反应 $a\text{A}(g) + b\text{B}(g) \rightleftharpoons c\text{C}(g) + d\text{D}(g)$。

（1）恒温恒容容器

① 第一次达到平衡后，若再增加A的量（即其中一个反应物的量），则平衡向正反应方向移动，B的转化率增大，但A的转化率减小。

B的转化率增大是因为增加了反应物，平衡右移，消耗了更多的B；A的转化率为什么会减小呢？

可以用极限法思考：假设只有1 mol B，却充入了1×10^8 mol A，则B会几乎被反应完，转化率接近100%，而A由于有1×10^8 mol，计算转化率时分母太大，因此转化率几乎为0。

② 第一次达到平衡后，与第一次投料相比，等比例地加入A和B（即所有反应物），则平衡向正反应方向移动，考虑转化率时，可用隔板法，我们会发现反应物的转化率与气态物质化学计量数有关。

比如，如图2.30所示，甲容器中充入了1 mol A和2 mol B，乙容器在甲容器的基础上再充入1 mol A和2 mol B，即充入的$n(\text{A})$与$n(\text{B})$之比为1∶2，与甲容器相同，这叫等比例充入，那么达到平衡后，甲、乙两容器中反应物转化率谁大谁小？

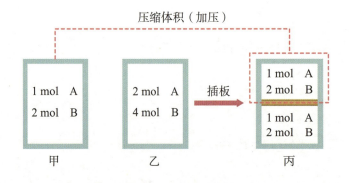

恒温恒容反应的隔板法示意图 | 图2.30

我们可以人为地在乙容器中插入一块隔板,变成丙容器。

很显然,乙和丙是完全相同的,所以转化率相同。而甲容器和丙容器的上半部分转化率比较起来相对容易,因为投入的A和B的物质的量完全相同,但是容器体积不同,根据勒夏特列原理中压强对平衡移动的影响,很容易得出下面的结论:

若 $a+b>c+d$,则 $α_甲<α_丙=α_乙$;

若 $a+b<c+d$,则 $α_甲>α_丙=α_乙$;

若 $a+b=c+d$,则 $α_甲=α_丙=α_乙$。

总结:第一次达到平衡后,与原投料相比,等比例地充入所有反应物,平衡必然向右移动;但这一次右移的程度如何,受压强的影响。

> **主编寄语**
>
> 同学们不要死记上面的结论,一定要理解这个过程,自己推导出来。

(2)恒温恒压容器

恒压容器可以看作带有可自由移动活塞的容器,这种情况下,我们只考虑等比例地充入所有反应物的情况。

第一次达到平衡后,与第一次投料相比,等比例地加入A和B(即所有反应物),平衡向正反应方向移动,且转化率不变!

前文中有一句话为"第一次达到平衡后,与原投料相比,等比例地充入所有反应物,平衡必然向右移动;但这一次右移的程度如何,受压强的影响"。既然转化率受压强的影响,而这里恰好是恒压容器,压强不发生变化,那么转化率也就不会发生变化。

也可以用隔板法考虑,如图2.31所示。

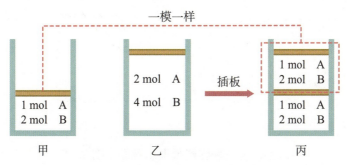

恒温恒压反应的隔板法示意图 | 图 2.31

很显然，甲、乙两容器中的转化率是相同的。

【例2.11】一个恒温恒容密闭容器中充满NO_2气体，存在平衡$2NO_2(g) \rightleftharpoons N_2O_4(g)$，此时再充入一定量的$NO_2$，达到新平衡后，$NO_2$的体积分数_____。

【解析】思路一：再充入NO_2，则平衡一定右移；考虑到压强对本次右移的影响，充入NO_2，即相当于等比例地充入所有反应物，等效于加压，而加压是有利于平衡右移的，因此NO_2的转化率提高，体积分数减小。

思路二：用隔板法画图（图2.32）。

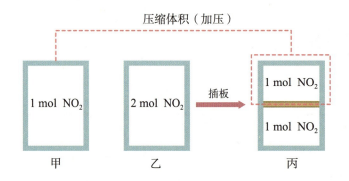

恒温恒容反应的隔板法示意图 | 图 2.32

由于甲容器变为丙容器的上半部分是压缩体积的操作，也就是加压，而加压使平衡右移，因此NO_2的转化率提高，体积分数减小。

【例2.12】有甲、乙、丙三个容器，如图2.33所示，甲容器恒温恒压，乙容器恒温恒容，丙容器恒容绝热。

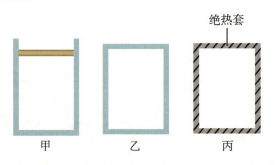

甲、乙、丙三种容器模型示意图 | 图 2.33

现充入反应物，初始投料、初始体积、初始压强均相同，达到平衡后，甲和乙的反应物转化率相比，大小如何？乙和丙相比呢？为什么？

【解析】先看甲和乙。

例如往甲容器和乙容器中充入完全相同的反应物，且保证初始压强、初始体积均相同，发生反应 $N_2(g) + 3H_2(g) \rightleftharpoons 2NH_3(g)$。由于正方向是气体分子数减少的反应，因此随着反应的进行，甲容器压强不变，乙容器压强减小，达到平衡后，$p_甲 > p_乙$；因为右边气体分子数减少，所以压强越大，平衡右移程度越大，也就是说，$α_甲 > α_乙$。

换一个反应呢？比如 $2NH_3(g) \rightleftharpoons N_2(g) + 3H_2(g)$，一开始充入 NH_3，由于正方向是气体分子数增加的反应，因此随着反应的进行，甲容器压强不变，乙容器压强增大，达到平衡后，$p_乙 > p_甲$；因为右边气体分子数增加，所以压强越大，平衡右移程度越小，也就是说，$α_甲 > α_乙$。

如果两边气体分子数相同呢？不难分析出 $α_甲 = α_乙$。

也就是说，在题设前提下，$α_{恒压容器} \geq α_{恒容容器}$。

再看乙和丙。

绝热容器的特点是与外界无热量交换，因此反应吸热还是放热就需要进行讨论。

对于反应 $N_2(g) + 3H_2(g) \rightleftharpoons 2NH_3(g)$，$\Delta H < 0$。由于正反应放热，因此随着反应的进行，乙容器温度不变，丙容器温度升高，达到平衡后，$T_丙 > T_乙$；因为正反应放热，所以温度越高，转化率越低，即 $α_乙 > α_丙$。

对于反应 $2NH_3(g) \rightleftharpoons N_2(g) + 3H_2(g)$，$\Delta H > 0$。由于正反应吸热，因此随着反应的进行，乙容器温度不变，丙容器温度降低，达到平衡后，$T_乙 > T_丙$；因为正反应吸热，所以温度越高，转化率越高，即 $α_乙 > α_丙$。

综上，在题设前提下，$α_{恒温容器} > α_{绝热容器}$。

由这道例题的讨论，我们可以得出一个具有哲理的结论：相对封闭的环境不利于反应的进行！

恒容对恒压而言是相对封闭的环境，绝热对恒温而言也是相对封闭的环境。这个和社会的发展、人的发展是一样的，在相对封闭的环境中，发展是会滞后的。

2.4.2 等效平衡

同一可逆反应，在同一条件下，无论投料如何（充入反应物、充入生成物或者两者一起充入），只要达到平衡时混合物中同物质的百分含量完全相同，这样的平衡就互称为等效平衡（equivalent balance）。

在一般的习题中，不会出现"等效平衡"这样的字眼，但是会给出两种投料分别达到平衡后，各组分的百分含量相等，或者质量分数相同，或者体积分数（物质的量分数）相同，或者反应物的转化率相同等条件，这实际上都是指等效平衡。

那么，究竟怎样的投料才能达到等效平衡呢？分以下情况讨论。

1. 恒温恒容、非等体积反应

例如，在恒容容器中发生反应$N_2(g) + 3H_2(g) \rightleftharpoons 2NH_3(g)$，这个反应的两边气体分子数不相等，也就是非等体积反应。

对于恒温恒容、非等体积反应来说，两种不同的投料，通过一边倒的换算后完全相同时，才能达到等效平衡，即投料要求是"一边倒，全相同"。

什么叫"一边倒"？

"一边倒"即人为地将可逆号一边的物质完全反应到另一边，例如容器中充入 1 mol N_2、3 mol H_2、0 mol NH_3，"一边倒"到右边，即相当于充入了 0 mol N_2、0 mol H_2、2 mol NH_3；再例如，如果充入的是 2 mol N_2、3 mol H_2、2 mol NH_3，则"一边倒"到右边，就相当于充入了 1 mol N_2、0 mol H_2、4 mol NH_3；"一边倒"到左边，就相当于充入了 3 mol N_2、6 mol H_2、0 mol NH_3。

为什么对于恒温恒容、非等体积反应来说，必须投料"一边倒，全相同"才能达到等效平衡？

已知有如下甲、乙两个容器（图2.34），甲容器中充入 1 mol N_2、3 mol H_2，乙容器中充入 2 mol N_2、6 mol H_2。很显然，根据前面所分析的转化率问题，甲中反应物转化率和乙中反应物转化率一定不相等，所以平衡后，同一物质的百分含量不可能相同，也就不是等效平衡了。而甲、乙两容器在投料成比例的情况下，转化率不同，就是由于可逆符号两边气体分子数不相等，也就是"非等体积反应"。

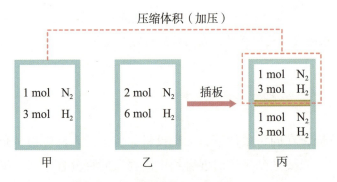

恒温恒容反应的隔板法示意图 | 图2.34

【例2.13】在一定温度、一定容积的密闭容器中通入2 mol SO_2和1 mol O_2,发生反应$2SO_2 + O_2 \rightleftharpoons 2SO_3$,一定时间后达到平衡状态。现在该容器中维持温度不变,令a、b、c分别代表初始加入的SO_2、O_2和SO_3的物质的量(mol)。若采取不同的投料,平衡后反应混合物中三种气体的百分含量仍跟上述平衡时的完全相同。

① 若$a = 0$,$b = 0$,则$c =$_____。

② 若$a = 0.5$,则$b =$_____和$c =$_____。

③ a、b、c取值必须满足的一般条件是_____。(请用两个方程式表示,其中一个只含a和c,另一个只含b和c)

【解析】这是恒容容器中发生的非等体积反应,因此必须要求投料"一边倒,全相同"才能达到等效平衡。

① 根据方程$2SO_2 + O_2 \rightleftharpoons 2SO_3$,将初始投料2 mol SO_2和1 mol O_2"一边倒"到右边后,应为0 mol SO_2、0 mol O_2、2 mol SO_3,因此本空填2。

② 根据方程,将初始投料0.5 mol SO_2、b mol O_2、c mol SO_3"一边倒"到左边后,变为$(0.5 + c)$ mol SO_2、$\left(b + \dfrac{c}{2}\right)$ mol O_2、0 mol SO_3,要求跟初始投料2 mol SO_2和1 mol O_2完全相同,则$(0.5 + c) = 2$,$\left(b + \dfrac{c}{2}\right) = 1$,解得$b = 0.25$,$c = 1.5$。

③ 把上一问中0.5换为a即可,即$(a + c) = 2$,$\left(b + \dfrac{c}{2}\right) = 1$。

2. 其余情况(包括恒容等体积反应、恒压非等体积反应和恒压等体积反应)

对于恒容等体积反应、恒压非等体积反应和恒压等体积反应而言,在同一条件下,相同的容器中两种不同的投料通过"一边倒"的换算后成比例时,即可达到等效平衡。这一点可以用转化率问题考虑,此处就不再赘述。

【例2.14】将2 mol A和1 mol B充入一个密闭容器中,在一定条件下发生反应$2A(g) + B(g) \rightleftharpoons xC(g)$,达到平衡后,测得C的物质的量分数为$c\%$;若开始充入容器中的是0.6 mol A、0.3 mol B和1.4 mol C,达到平衡时C的物质的量分数仍为$c\%$,则x的值为多少?

【解析】恒温恒容下,开始充入2 mol A和1 mol B与开始充入0.6 mol A、0.3 mol B和1.4 mol C达到平衡后,C的体积分数均为$c\%$,说明为等效平衡。对于恒容容器中的反应,要达到等效平衡,分两种情况——等体积反应和非等体积反应。

(1)非等体积反应,"一边倒"要全相同。即将第二次投料按化学计量数转化到左边，要满足 $n(A)_总 = 2$ mol，$n(B)_总 = 1$ mol，故 0.6 mol $+ \dfrac{2.8}{x} = 2$ mol，解得 $x = 2$。

（2）等体积反应，"一边倒"要成比例。如果是等体积反应，则 $x = 3$。验算当 $x = 3$ 时，我们将 0.6 mol A、0.3 mol B 和 1.4 mol C 转换到左边，即 $\left(0.6 + \dfrac{2}{3} \times 1.4\right)$ mol A，$\left(0.6 + \dfrac{1}{3} \times 1.4\right)$ mol B，A 和 B 的物质的量之比和第一次投料相同，都为 2∶1，满足等效平衡的条件，因此 $x = 3$ 也可以。

【例 2.15】在温度、容积相同的三个密闭容器中按不同方式投入反应物，保持恒温、恒容，测得反应达到平衡时的有关数据如下 [已知 $N_2(g) + 3H_2(g) \rightleftharpoons 2NH_3(g)$，$\Delta H = -92.4$ kJ/mol]：

容器	甲	乙	丙
反应物的投入量	1 mol N_2、3 mol H_2	2 mol NH_3	4 mol NH_3
NH_3 的浓度 /(mol/L)	c_1	c_2	c_3
反应的能量变化	放出 a kJ	吸收 b kJ	吸收 c kJ
体系的压强 /Pa	p_1	p_2	p_3
反应物的转化率	α_1	α_2	α_3

下列说法不正确的是（　　）。

A. $2c_1 < c_3$　　　B. $a + b = 92.4$　　　C. $\alpha_1 + \alpha_3 < 1$　　　D. $2p_2 < p_3$

【解析】甲容器反应物投入量 1 mol N_2、3 mol H_2，乙容器反应物投入量 2 mol NH_3，恒温且乙容器容积和甲容器相同，则甲容器与乙容器是等效平衡，因此 $c_1 = c_2$。丙容器反应物投入量 4 mol NH_3，可以等效为在乙的基础上压强增大一倍，平衡向正反应方向移动，丙中氨气的转化率比乙中小，故 $c_3 > 2c_2$，则 $c_3 > 2c_1$，因此 A 项正确。

乙中开始投入 2 mol NH_3，则甲与乙是等效平衡，甲与乙的反应的能量变化之和为 92.4 kJ，故 $a + b = 92.4$，因此 B 项正确。

乙中开始投入 2 mol NH_3，则甲与乙是等效平衡，故 $\alpha_1 + \alpha_2 = 1$。丙容器反应物投入量 4 mol NH_3，可以等效为在乙的基础上压强增大一倍，平衡向正反应方向移动，故 $\alpha_3 < \alpha_2$，联立可得 $\alpha_3 < 1 - \alpha_1$，即 $\alpha_1 + \alpha_3 < 1$，因此 C 项正确。

丙容器反应物投入量 4 mol NH_3，可以等效为在乙的基础上压强增大一倍，平衡向正反应方向移动，平衡移动不能消除压强增大，故 $p_2 < p_3 < 2p_2$，故 D 项错误。

故选 D 项。

2.4.3 平衡图像

关于平衡图像问题,给大家提供一些经典例题的解题思路。

【例2.16】在一个密闭容器中发生某个化学反应,各物质的浓度随时间的变化如图2.35所示。

① 写出化学反应方程式。
② 求反应物的转化率。

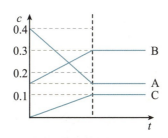

A、B、C的浓度随时间变化的曲线 | 图 2.35

【解析】① $5A \rightleftharpoons 3B + 2C$。

观察图2.35,从反应开始至反应达到平衡时,A的物质的量浓度下降,B、C的物质的量浓度上升,故A为反应物,B、C为生成物。平衡时,A、B、C的物质的量浓度变化量分别是0.25 mol / L、0.15 mol / L、0.1 mol / L,由物质的量浓度与反应系数的关系可得,A、B、C的系数分别为5、3、2。此反应要用可逆符号,由于反应物没反应完,因此一定是可逆反应。

② $a = 62.5\%$。

转化率 =(消耗掉的反应物 / 反应物初始)× 100% = 0.25 / 0.4 × 100% = 62.5%。

【例2.17】① 对于反应 $mA(g) + nB(g) \rightleftharpoons pC(g) + qD(g)$,改变压强时有如图2.36所示的变化,则$t_1$时刻压强变化是_____(增大或减小),平衡向_____反应方向移动,$m + n$ _____(>、<、=)$p + q$。

② 对于反应$A(g) + 3B(g) \rightleftharpoons 2C(g) + D(g)$(正反应放热),有如图2.36所

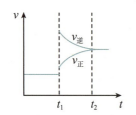

正、逆反应速率随时间变化的示意图 | 图2.36

示的变化，请分析引起平衡移动的因素可能是什么，并说明理由。

【解析】① 由图像可知，正、逆反应速率均增大，故改变条件为增大压强；而正反应速率小于逆反应速率，故反应逆向进行，即平衡向逆反应方向移动；由勒夏特列原理可知，增大压强，平衡向着气体分子数减小的方向移动，故 $m + n < p + q$。

② 图中正、逆反应速率都增大，因此不是升高温度，就是增大压强，下面逐一讨论。

如果升高温度，则平衡向着吸热方向移动，也就是逆反应方向，符合图中的 $v_逆 > v_正$。

如果增大压强，则平衡向着气体分子数减小的方向移动，也就是正反应方向，应该有 $v_正 > v_逆$，不符合题意。

【例2.18】① 可逆反应 $mA(g) + nB(g) \rightleftharpoons pC(g) + qD(g)$ 在密闭容器中发生，反应速率随温度的变化如图2.37所示，则正反应是_____（放热、吸热）反应。

② 可逆反应 $mA(g) + nB(g) \rightleftharpoons pC(g) + qD(g)$ 在密闭容器中发生，反应速率随压强的变化如图2.38所示，则 $m + n$ _____ $p + q$。

【解析】① 两条曲线交点处 $v_正 = v_逆$，为平衡点；平衡点左侧，是平衡建立过程，与平衡移动无关；平衡点右侧，才是升高温度后平衡移动过程，此时 $v_正 > v_逆$，说明升高温度，反应正向进行，因此正反应为吸热反应。

② 两条曲线交点处 $v_正 = v_逆$，为平衡点；平衡点左侧，是平衡建立过程，与平衡移动无关；平衡点右侧，才是增大压强后平衡移动过程，此时 $v_正 > v_逆$，说明增大压强，平衡右移，因此右边气体分子数少。

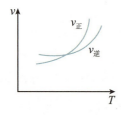

反应速率随温度变化的曲线 | 图2.37

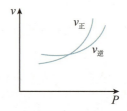

反应速率随压强变化的曲线 | 图2.38

【例2.19】① 可逆反应 $m\text{A}(g) + n\text{B}(g) \rightleftharpoons p\text{C}(g) + q\text{D}(g)$ 在密闭容器中发生，A的转化率随温度和时间的变化如图2.39所示，则 T_1____T_2，正反应为____反应。

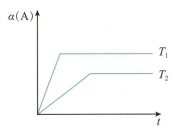

A的转化率随温度和时间变化的曲线 | 图2.39

② 可逆反应 $m\text{A}(g) + n\text{B}(g) \rightleftharpoons p\text{C}(g) + q\text{D}(g)$ 在密闭容器中发生，B的转化率随压强和时间的变化如图2.40所示，则 P_1____P_2，$m+n$____$p+q$。

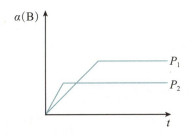

B的转化率随压强和时间变化的曲线 | 图2.40

③ 可逆反应 $m\text{A}(g) + n\text{B}(g) \rightleftharpoons p\text{C}(g) + q\text{D}(g)$ 在密闭容器中发生，B的百分含量随压强、温度和时间的变化如图2.41所示，则 T_1____T_2，P_1____P_2，正反应为____反应，$m+n$____$p+q$。

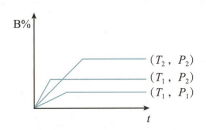

B的百分含量随压强、温度和时间变化的曲线 | 图2.41

④ 可逆反应 $m\text{A}(g) + n\text{B}(g) \rightleftharpoons p\text{C}(g) + q\text{D}(g)$ 在密闭容器中发生，A的转化率随压强和温度的变化如图2.42所示，则正反应为____反应，$m+n$____$p+q$。

⑤ 一定条件下在某容积不变的密闭容器中发生反应 $\text{A}(g) + \text{B}(g) \rightleftharpoons x\text{C}(g)$，根据图2.43，判断下列说法正确的是（　　）。

A. 温度：$T_1 < T_2$

B. 压强：$P_1 < P_2$
C. 正反应是放热反应
D. $x > 1$

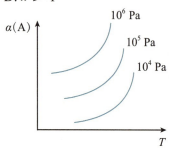

A的转化率随压强和温度变化的曲线｜图2.42

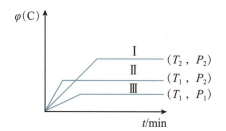

C的百分含量随温度、压强和时间变化的曲线｜图2.43

【解析】① 升温和加压都会加快反应速率，缩短达到平衡所需的时间，T_1对应的曲线斜率高，说明反应速率快，故$T_1 > T_2$；而温度高时对应的反应物转化率大，因此正反应为吸热反应。

② 同理可知$P_2 > P_1$；压强大，反应物的转化率却小，说明增大压强，平衡左移，则左边气体分子数少，所以$m + n < p + q$。

③ 图2.41是图2.39和图2.40的综合情况，可以用控制变量法分别分析，不再赘述。注意纵坐标为B%，其值越小，说明反应越向正方向进行。

④ 此类图像有两个变量：温度和压强。我们需要一个一个分析。观察图像，横坐标为温度，纵坐标为反应物转化率，每条曲线的区别是压强不同。故采用控制变量法：

取任意一条曲线，会发现压强不变时，温度升高，反应物转化率上升，说明平衡右移，因此正反应吸热。

任取横坐标上一点T，做一条垂直于横轴的直线（即等温线），会发现温度不变时，压强越大，反应转化率越高，说明平衡右移，右边气体分子数少，因此$m + n > p + q$。

⑤ 采用控制变量法，注意纵坐标是生成物的量！

取Ⅰ、Ⅱ两条曲线，Ⅱ先达到平衡，则$T_1 > T_2$，而Ⅱ中生成C含量比Ⅰ中少，则反应放热。故A项错误，C项正确。

取Ⅱ、Ⅲ两条曲线，Ⅱ先达到平衡，则$P_1 < P_2$，而Ⅱ中C含量比Ⅲ中多，则增大压强，反应正向进行，x只能为1。故B项正确，D项错误。

【例2.20】① 可逆反应 $mA(g) + nB(g) \rightleftharpoons pC(g) + qD(g)$ 在密闭容器中发生，反应速率随温度的变化如图2.44所示，则正反应____热。

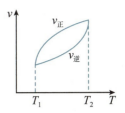

反应速率随温度变化的曲线 | 图2.44

② 可逆反应 $mA(g) + nB(g) \rightleftharpoons pC(g) + qD(g)$ 在密闭容器中发生，反应速率随温度的变化如图2.45所示，则正反应____热。

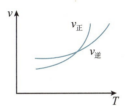

反应速率随温度变化的曲线 | 图2.45

③ 可逆反应 $mA(g) + nB(g) \rightleftharpoons pC(g) + qD(g)$ 在密闭容器中发生，C的百分含量随温度的变化如图2.46所示，则正反应____热。

④ 可逆反应 $mA(g) + nB(g) \rightleftharpoons pC(g) + qD(g)$ 在密闭容器中发生，A的百分含量随压强的变化如图2.47所示，则 $m + n$ ____ $p + q$。

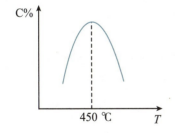

C的百分含量随温度变化的曲线 | 图2.46　　A的百分含量随压强变化的曲线 | 图2.47

【解析】① T_1 和 T_2 都是正、逆反应速率相同，因此都是平衡点，且从 T_1 到 T_2 就是平衡移动过程。升高温度，正反应速率大于逆反应速率，平衡右移，说明正反应吸热。

② 观察两曲线交点，交点处为平衡点，温度升高，正反应速率大于逆反应速率，平衡正向移动，故反应吸热。

③ 这是生成物C的含量随着温度不断升高的变化图。如何判断图中曲线上的点到底是不是平衡状态的点？其实很简单，如果都是平衡状态的点，那么温度升高，平衡只会往一个方向移动，且C的含量要么一直增大，要么一直减小，不会如图2.46所示先上升后下降。因此，这幅图是充入反应物后边反应边升高温度形成的，最高点左侧是平衡建立的过程，最高点时恰好达到平衡点，最高点右侧才是平衡移动过程。在最高点右侧，C%随温度升高而下降，即反应逆向进行，正反应放热。

④ 同理，这幅图是充入反应物后边反应边增大压强形成的，最低点左侧是平衡建立过程，最低点时恰好达到平衡点，最低点右侧才是平衡移动过程。在最低点右侧，A%随压强增大而增大，说明增大压强反应逆向进行，故 $m + n < p + q$。

【例2.21】图2.48是在其他条件一定时，反应 $2NO + O_2 \rightleftharpoons 2NO_2 + Q$（$Q > 0$）中NO的最大转化率与温度的关系曲线。图中坐标有 A、B、C、D、E 五点，其中表示未达到平衡状态且 $v_正 > v_逆$ 的点是_____。

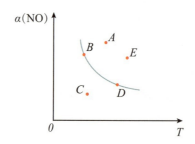

NO 的最大转化率与温度的关系曲线 | 图 2.48

【解析】曲线上的点都是平衡点，题目已经明确说明。只有C点处转化率小于平衡时的转化率，因此C点处平衡正在正向进行，正反应速率大于逆反应速率。

2.5 化学反应进行的方向

前面我们所讨论的都是已经发生的化学反应。而对于一些暂未发生的化学反应，它能否发生就需要人们进行预测了，否则辛辛苦苦研究一个反应，结果它是一个从理论上讲根本就不可能发生的反应，岂不是白费功夫？

人们根据大量的实验事实，总结出了有利于反应自发发生的两个条件：放热和熵增。

自发反应指的是不需要外力做功，在一定条件下即可持续发生的化学反应。在高中阶段，外力做功主要指光照和电解。所以，只要是不需要光照或者电解，在一定条件下可以持续发生的化学反应，我们就认为其是该条件下的自发反应（spontaneous reaction）。

很多在一定温度下能够自发进行的反应都是放热的，比如燃烧、酸碱中和等等。放热反应对外释放了能量，生成物总能量降低，更加稳定。但并不是所有能够自发进行的反应都是放热的，比如碳酸钙在高温下的分解、铵盐和碱的反应等等，这些都是可以发生的吸热反应。因此，只能说放热有利于自发进行，它不能作为反应能否自发的唯一判据。后来人们思考，像碳酸钙在高温下的分解、铵盐和碱的反应这一类吸热反应，它们为什么能够自发发生呢？于是就提出了熵判据。

熵（entropy）是一个描述体系混乱度的物理量（欲了解熵的由来，可以查阅《物理化学》一书，这里就不赘述了），用符号S表示，常用单位为$J/(mol·K)$，体系越混乱，熵值越大。人们发现，世间万物的变化大多都是趋向于熵增的，也就是越来越混乱。这一点很好理解，一幅扑克牌，总会越洗越乱；一盒火柴散落到地上，不会整齐地排在一起，而是七零八落的（图2.49）……

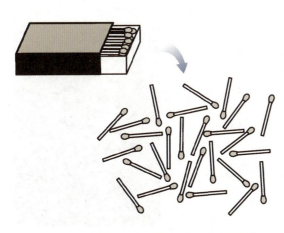

有序排列的火柴散落时成为无序排列
——有趋向于最大混乱度的倾向 | 图2.49

我们如何判断一个化学反应是熵增（$\Delta S > 0$）还是熵减（$\Delta S < 0$）呢？这很简单，物质都有气、液、固三态，处于气态时，最混乱，熵值最大，液态次之，固态最小，如图2.50所示。因此，我们只需要看方程式两边的气体分子数即可，哪边气体分子数多，哪边熵值就大。

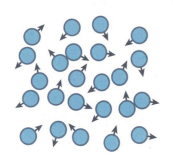 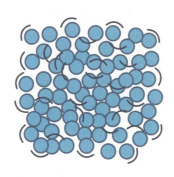 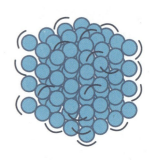

气、液、固三种状态混乱度比较｜图 2.50

熵增虽然也是一个有利于反应自发进行的因素，但是有一些能自发进行的反应是熵减的，比如H_2的燃烧。因此，熵增也不能作为反应能否自发进行的唯一判据。

经过大量的摸索，著名科学家吉布斯（图2.51）提出了"吉布斯自由能"的概念。**吉布斯自由能**（Gibbs free energy）是恒温恒压体系中物质能量的一种描述（欲了解它的具体内容，可以查阅《物理化学》一书），它综合了焓、温、熵三种因素，符号为G，单位为kJ / mol，计算公式为$G = H - TS$（这里的温度T取开尔文温标，恒为正值）。

吉布斯指出，在某温度下，只有吉布斯自由能减小（即$\Delta G = \Delta H - T\Delta S < 0$）的反应才能够自发进行。根据这个理论，可以分情况讨论：

（1）$\Delta H < 0$，$\Delta S > 0$

可以推出，$\Delta G = \Delta H - T\Delta S$恒小于0，在任何温度下都可以自发进行。也就是说，如果一个化学反应既放热又熵增，那么它一定能够自发发生。

（2）$\Delta H > 0$，$\Delta S < 0$

可以推出，$\Delta G = \Delta H - T\Delta S$恒大于0，在任何温度下都不可以自发进行。也就是说，如果一个

约西亚·威拉德·吉布斯
(Josiah Willard Gibbs)｜图 2.51

化学反应既不放热又不熵增，那么它一定不能自发发生。

（3）$\Delta H < 0$，$\Delta S < 0$

两个有利因素只占了一个，根据$\Delta G = \Delta H - T\Delta S = $ 负值 $- T \times$ 负值，当T的值较小时，才有可能小于0，因此可以推出，低温时，该反应可以自发进行。也就是说，放热但熵减的反应，低温自发。

很经典的一个例子就是H_2的燃烧，放热，但熵减。这个反应要持续进行，需要维持温度在700 ℃左右。有同学可能会有疑问：这个温度应该是高温，为什么说低温自发呢？这就是一个哲学问题，700 ℃是高温还是低温，要看是和谁相比的。水想要分解成H_2和O_2，需要2000 ℃以上的温度，那么700 ℃与之比起来，当然算低温。

（4）$\Delta H > 0$，$\Delta S > 0$

两个有利因素也只占了一个，根据$\Delta G = \Delta H - T\Delta S = $ 正值 $- T \times$ 正值，当T的值较大时，才有可能小于0，因此可以推出，高温时，该反应可以自发进行。也就是说，熵增但吸热的反应，高温自发。

Summary
章末总结

知识图谱
Knowledge Graph

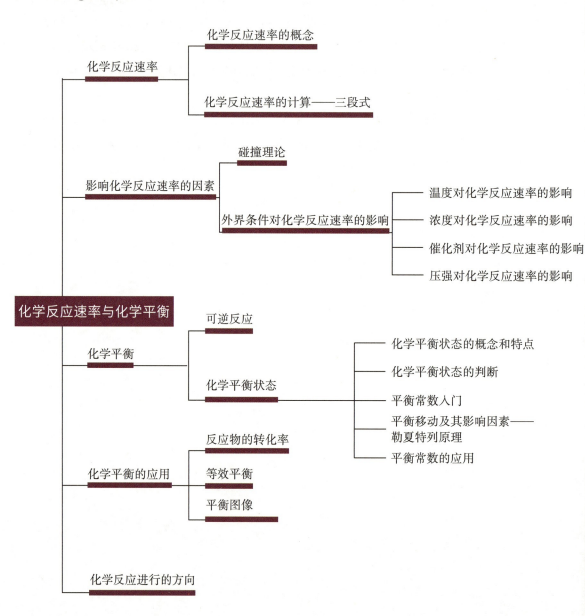

第 3 章　水溶液中的离子平衡

上善若水，
碰撞，电离，结合，
水，
包容分子、离子变换，
看惯分分合合，
静待平衡。

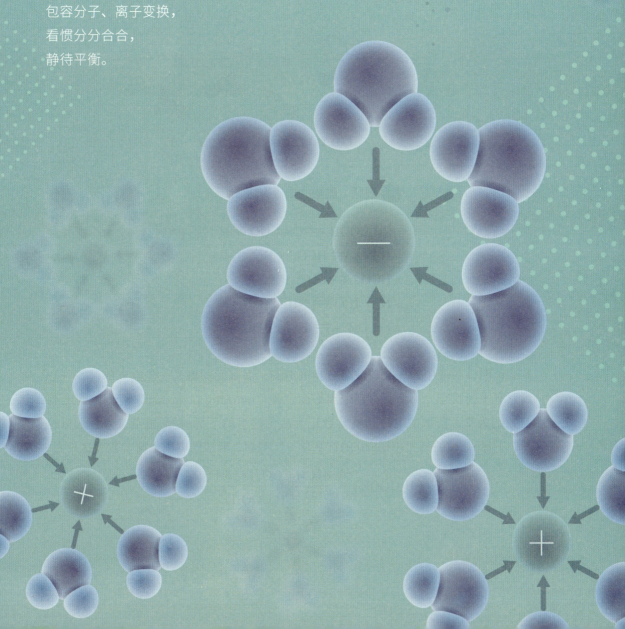

3.1 水溶液中分子和离子的常见行为

3.1.1 弱电解质的电离

醋酸、碳酸、一水合氨是典型的弱酸、弱碱,属于弱电解质(具体弱电解质的定义是什么,我们在之后的章节中讲解)。它们虽然溶于水,但是在水溶液中无法完全电离,只有一小部分发生电离,这就存在着电离平衡,如醋酸的电离(图3.1)。

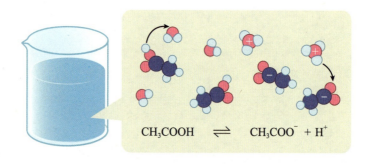

$CH_3COOH \rightleftharpoons CH_3COO^- + H^+$

视频 醋酸的电离 | 图 3.1

$$CH_3COOH \rightleftharpoons CH_3COO^- + H^+$$
$$H_2CO_3 \rightleftharpoons HCO_3^- + H^+$$
$$HCO_3^- \rightleftharpoons CO_3^{2-} + H^+$$
$$NH_3 \cdot H_2O \rightleftharpoons NH_4^+ + OH^-$$
$$Fe(OH)_3 \rightleftharpoons Fe^{3+} + 3OH^-$$

实验证明,溶液中的多元弱酸是分步电离的,而多元弱碱是一步电离的。

既然有平衡状态,那么就存在电离平衡常数(ionization constant)。弱酸的电离平衡常数记为K_a,弱碱的电离平衡常数记为K_b(这里的下标a是酸的英文单词acid的首字母,下标b是碱的英文单词base的首字母)。例如,醋酸的电离平衡常数表达式为

$$K_a(CH_3COOH) = \frac{c(CH_3COO^-) \cdot c(H^+)}{c(CH_3COOH)}$$

碳酸由于分步电离（图3.2），因此有两级电离平衡常数，分别记为K_{a1}和K_{a2}。且$K_{a1} \gg K_{a2}$，这是因为碳酸第一步电离出的H^+会大大抑制第二步的电离，而且第二步电离时，带正电荷的H^+要从带负电的HCO_3^-身上脱离，在静电场的作用下，难度也会大大增加。

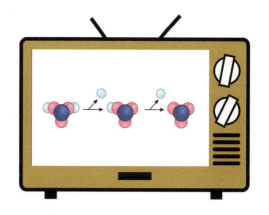

▶ 视频　碳酸的分步电离 | 图3.2

$$K_{a1}(H_2CO_3) = \frac{c(HCO_3^-) \cdot c(H^+)}{c(H_2CO_3)}$$

$$K_{a2}(H_2CO_3) = K_a(HCO_3^-) = \frac{c(CO_3^{2-}) \cdot c(H^+)}{c(HCO_3^-)}$$

在大学教材中，附录中有常见弱酸（或弱碱）的K_a（或K_b）的数值，随时可以查阅。K_a（或K_b）的大小，反映了其酸性（或碱性）的相对大小。等浓度时，K值越大，在水溶液中的电离程度越大，酸性（或碱性）越强。由此可以联想到，这和第2章学习的平衡常数一样，对于特定的酸或碱，它也是一个只与温度有关的量。

3.1.2　水的电离

水是非常典型的弱电解质，它的电离方程式通常为$H_2O \rightleftharpoons H^+ + OH^-$。

然而这只是表象，真实情况是这样的：我们把发生电离的水看作溶质(aq)，未发生电离的水看作溶剂(l)；溶剂结合了溶质电离出的H^+，形成水合氢离子（图3.3），这叫作 水的自耦电离（autoionization of water）。

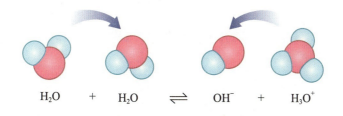

水的自耦电离 | 图3.3

第3章　水溶液中的离子平衡

$$H_2O(aq) + H_2O(l) \rightleftharpoons H_3O^+(aq) + OH^-(aq)$$

因此水的电离平衡常数表达式为

$$K(H_2O) = \frac{c(H_3O^+) \cdot c(OH^-)}{c(H_2O)} = \frac{c(H^+) \cdot c(OH^-)}{c(H_2O)}$$

上述$c(H_2O)$指的是作为溶质的水,因此是有浓度数值的。只不过由于作为溶质的水和作为溶剂的水无法区分,因此$c(H_2O)$也是个常数。为避免麻烦,我们调整一下公式:

$$c(H^+) \cdot c(OH^-) = K(H_2O) \cdot c(H_2O) = 常数$$

我们发现,在一定温度下,水中$c(H^+)$和$c(OH^-)$的乘积是一个常数。这个常数我们叫作水的离子积(ionic product of water),用K_w表示(下标w为水的英文单词water的首字母)。注意,K_w并不是水的电离平衡常数。

实验表明,室温下,$K_w = 10^{-14}$,100 ℃时,$K_w = 10^{-12}$,并且,不仅仅在水中,在任何溶液中,$c(H^+)$和$c(OH^-)$的乘积都是一个常数,数值就等于该温度下水的离子积K_w。这个结论相当重要,有了一定温度下K_w的数值,我们就可以进行一系列和$c(H^+)$、$c(OH^-)$有关的计算了。

一说到水,就不禁想到初中所学的纯水pH = 7,pH又是什么呢?

所谓pH,指的是氢离子浓度的负对数,即

$$pH = -\lg c(H^+) = -\lg\left[\frac{K_w}{c(OH^-)}\right]$$

所以,在纯水中,由于$c(H^+) = c(OH^-)$,且$c(H^+) \cdot c(OH^-) = K_w$,故我们有:

(1)室温下,$K_w = 10^{-14}$,则

$$c(H^+) = \sqrt{K_w} = 1 \times 10^{-7} \text{ mol/L}$$

因此pH = $-\lg c(H^+)$ = 7。

(2)100 ℃时,$K_w = 10^{-12}$,则

$$c(H^+) = \sqrt{K_w} = 1 \times 10^{-6} \text{ mol/L}$$

因此pH = $-\lg c(H^+)$ = 6。

由此可见,pH的数值并不能完全代表溶液的酸碱性。

3.1.3 离子的水解

醋酸分子在水溶液中部分电离出H^+和CH_3COO^-，这个过程是可逆的。这也就意味着，在同一条件下，CH_3COO^-也可以结合H^+而形成醋酸分子。

下面我们来讨论醋酸钠溶液。将醋酸钠溶于水，会电离出大量的Na^+和CH_3COO^-，此时，CH_3COO^-就会结合水电离出的H^+，形成醋酸分子，方程式如下：

$$CH_3COO^- + H_2O \rightleftharpoons CH_3COOH + OH^-$$

注意，由于水是弱电解质，在离子方程式中不可以拆开，因此把醋酸根结合水电离出的H^+的过程写成上式的形式，这一点在高一上学期就已经学习过了。

我们发现，在CH_3COO^-结合了由水电离出的H^+之后，留下了OH^-，此时溶液呈碱性。也就是说，CH_3COONa溶液并不是中性的，而是碱性的。注意：由于NaOH是完全电离的，其电离方程式用的是等号而不是可逆号，因此Na^+不会结合水电离出的OH^-。

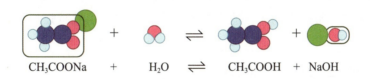

| CH₃COONa | + | H₂O | ⇌ | CH₃COOH | + | NaOH |

▶ 视频　盐溶液的酸碱性 | 图 3.4

像这样（图3.4），离子结合了由水电离出的H^+或OH^-，生成弱电解质，留下了由水电离出的OH^-或H^+，叫作**离子的水解**（hydrolysis of ions）。

所谓水解，可以理解为"与水发生复分解反应"，例如CH_3COONa水解的化学方程式为

$$CH_3COONa + H_2O \rightleftharpoons CH_3COOH + NaOH$$

同理，NH_4^+、CO_3^{2-}、Fe^{3+}的水解方程式分别为

$$NH_4^+ + H_2O \rightleftharpoons NH_3 \cdot H_2O + H^+$$
$$CO_3^{2-} + H_2O \rightleftharpoons HCO_3^- + OH^-$$
$$HCO_3^- + H_2O \rightleftharpoons H_2CO_3 + OH^-$$
$$Fe^{3+} + 3H_2O \rightleftharpoons Fe(OH)_3 + 3H^+$$

很容易理解，由于多元弱酸分步电离和多元弱碱一步电离，因此多元弱酸根分步水解

和多元弱碱阳离子一步水解。

根据水解方程式,很容易看出NH_4Cl、Na_2CO_3、$FeCl_3$溶液分别呈酸性、碱性、酸性。

离子水解平衡也对应有平衡常数,我们把它叫作水解平衡常数(hydrolysis equilibrium constant),用K_h表示(h是水解的英文单词hydrolysis的首字母),例如:

$$K_h(CH_3COO^-) = \frac{c(CH_3COOH) \cdot c(OH^-)}{c(CH_3COO^-)}$$

$$K_{h1}(CO_3^{2-}) = \frac{c(HCO_3^-) \cdot c(OH^-)}{c(CO_3^{2-})}$$

$$K_{h2}(CO_3^{2-}) = K_h(HCO_3^-) = \frac{c(H_2CO_3) \cdot c(OH^-)}{c(HCO_3^-)}$$

$$K_h(NH_4^+) = \frac{c(NH_3 \cdot H_2O) \cdot c(H^+)}{c(NH_4^+)}$$

$$K_h(Fe^{3+}) = \frac{c(Fe(OH)_3) \cdot c^3(H^+)}{c(Fe^{3+})}$$

显然,对于特定的离子,K_h也是只与温度有关的量。K_h的大小衡量了离子的水解程度,K_h越大,水解程度越大,造成水溶液的酸性/碱性也就越强。

3.1.4 难溶电解质的溶解平衡

没有电解质是绝对不溶于水的,只有溶解度大小的区别。难溶物的悬浊液中就存在着溶解—结晶动态平衡,例如在硫酸钡悬浊液中:

$$BaSO_4(s) \rightleftharpoons BaSO_4(aq)$$

而溶解掉的$BaSO_4$是完全电离的:

$$BaSO_4(aq) = Ba^{2+}(aq) + SO_4^{2-}(aq)$$

也就是说,溶液中其实并不存在$BaSO_4(aq)$分子,而是存在沉淀—溶解平衡(图3.5)。

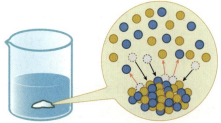

视频 硫酸钡沉淀的溶解平衡 | 图 3.5

总式为

$$BaSO_4(s) \rightleftharpoons Ba^{2+}(aq) + SO_4^{2-}(aq)$$

这就叫作$BaSO_4$的**溶解平衡表达式**（solution equilibrium expression）。注意和$BaSO_4$电离方程式的区别。

$BaSO_4$的溶解平衡也有平衡常数，表达式为$c(Ba^{2+}) \cdot c(SO_4^{2-})$，叫作硫酸钡的**溶度积**（solubility product），记为K_{sp}（下标sp是溶度积的英文名称solubility product的缩写）。

显然，K_{sp}也只与温度有关。对于结构相同的难溶物（例如AgCl和AgBr，结构相同；AgCl和Ag_2S，结构不同），K_{sp}的值可以反映出它们溶解度的相对大小，我们通过查阅K_{sp}表，可大概知道难溶物的溶解度的相对大小。

K_a、K_h、K_w、K_{sp}就是本章我们要重点讨论并应用的四大常数，务必熟知它们的基本概念、表达式和意义。

知识拓展

共轭酸碱理论

共轭酸碱理论在课本或者其他资料上一般见不到，属于大学内容，但是高考题经常会用该理论来解释一些现象或进行一些计算，所以在这里给大家简单介绍一下。

1. 酸碱的扩展定义

在水溶液中，凡是能给出质子的，均为酸（acid），包括我们学过的所有酸、酸式盐（例如HCO_3^-，在水溶液中能电离出H^+）。

在水溶液中，凡是能结合质子的，均为碱（base），包括我们学过的所有碱、弱酸、酸式盐（例如HCO_3^-，在水溶液中也能结合H^+）。

2. 共轭酸碱对

酸电离出1个质子后所生成的离子，叫作这个酸的共轭碱，例如：

$$CH_3COOH \rightleftharpoons CH_3COO^- + H^+$$
$$\text{酸} \quad\quad\quad \text{共轭碱}$$

碱结合1个质子后所生成的离子或分子，叫作这个碱的共轭酸，例如：

$$CH_3COO^- + H_2O \rightleftharpoons CH_3COOH + OH^-$$
$$\text{碱} \quad\quad\quad\quad\quad \text{共轭酸}$$

第3章 水溶液中的离子平衡

组成上只相差1个可电离的H^+的，称为**共轭酸碱对**（conjugate acid-base pair），"共轭"一词有紧密相关的含义，在多个学科领域均会遇到。

3. 意义：用于酸碱性强弱的判断

酸的酸性用K_a衡量，其共轭碱的碱性就要用K_h衡量。显然，酸的酸性如果越强，其共轭碱的碱性必然越弱，那么共轭酸碱对的K_a与K_h之间一定存在着某种联系。我们考察$K_a(CH_3COOH)$和$K_h(CH_3COO^-)$，写出它们的表达式：

$$K_a(CH_3COOH) = \frac{c(CH_3COO^-) \cdot c(H^+)}{c(CH_3COOH)}$$

$$K_h(CH_3COO^-) = \frac{c(CH_3COOH) \cdot c(OH^-)}{c(CH_3COO^-)}$$

不难发现

$$K_a(CH_3COOH) \cdot K_h(CH_3COO^-)$$
$$= \frac{c(CH_3COO^-) \cdot c(H^+)}{c(CH_3COOH)} \cdot \frac{c(CH_3COOH) \cdot c(OH^-)}{c(CH_3COO^-)}$$
$$= c(H^+) \cdot c(OH^-) = K_w$$

即K_a（酸）$\cdot K_h$（酸的共轭碱）= 常数。

这是一个相当重要的充满哲理的公式！酸强，对应的碱就弱；酸弱，对应的碱就强。而且有具体的数值供我们参考。以后在判断溶液的酸碱性时，我们会经常用到它。醋酸在水溶液中电离的共轭酸碱对如下所示（其中的"强""弱"是相对的）。

共轭酸碱对

$CH_3COOH \ + \ H_2O \rightleftharpoons H_3O^+ \ + \ CH_3COO^-$

弱酸　　　　弱碱　　强酸　　　强碱

共轭酸碱对

3.2 弱电解质的电离

3.2.1 弱电解质

电解质能溶于水的部分，没有完全电离，只能部分电离，这样的电解质称为**弱电解质**（weak electrolyte）。

1. 常见的强、弱电解质

强电解质：强酸（HCl、H_2SO_4、HNO_3、HBr、HI）；

　　　　　强碱[NaOH、$Ba(OH)_2$、KOH、$Ca(OH)_2$、RbOH、CsOH]；

　　　　　绝大多数盐（醋酸铅除外）。

弱电解质：弱酸（除了上述强酸之外的酸，例如HF、CH_3COOH、H_2SO_3、H_2CO_3、HClO等）；

　　　　　弱碱（除了上述强碱之外的碱，例如$NH_3·H_2O$、难溶碱等）；

　　　　　醋酸铅等极少数盐。

一定要注意的是，电解质的强弱与其溶解度无关，我们只看它溶解的部分是否完全电离。我们以HCl和CH_3COOH在水中的电离为例来了解强、弱电解质的本质区别（图3.6）。

2. 电离方程式的书写

醋酸、碳酸、一水合氨等弱电解质电离方程式可分别表示为

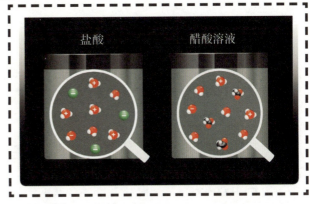

微件　HCl 和 CH_3COOH 的电离｜图 3.6

$$CH_3COOH \rightleftharpoons CH_3COO^- + H^+$$
$$H_2CO_3 \rightleftharpoons HCO_3^- + H^+$$
$$HCO_3^- \rightleftharpoons CO_3^{2-} + H^+$$
$$NH_3·H_2O \rightleftharpoons NH_4^+ + OH^-$$
$$Fe(OH)_3 \rightleftharpoons Fe^{3+} + 3OH^-$$

再复习一下多元弱酸分布电离、多元弱碱一步电离。

3.2.2 电离平衡的影响因素

我们以醋酸在水溶液中的电离为例，$CH_3COOH \rightleftharpoons CH_3COO^- + H^+$，在稀醋酸溶液中采取下列操作探究其对醋酸电离平衡的影响，如图3.7所示。

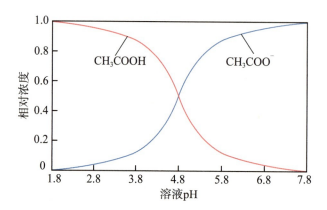

微件　醋酸电离平衡的影响因素｜图 3.7

四项指标的变化如表3.1所示。

表 3.1　四项指标的变化

	平衡移动方向	电离度α	pH	$c(CH_3COO^-)$
① 加水	向右	增大	增大	减小
② 加冰醋酸	向右	减小	减小	增大
③ 加NaOH	向右	增大	增大	增大
④ 加CH_3COONa	向左	减小	增大	增大
⑤ 通入HCl	向左	减小	减小	减小
⑥ 加热	向右	增大	减小	增大

产生变化的原因如下：

① 加水。加水实际上扩大了溶液的体积，平衡会向着微粒浓度增大的方向移动。这和上一章讨论的扩大容器体积对化学平衡的影响是一样的，扩大容器体积，平衡向着气体分子数增多的方向移动。此处只不过把气体(g)换成了溶液中的微粒

(aq)，这叫作"越稀越电离"。

因此，加水之后，平衡右移，电离度α自然增大（电离度指的是醋酸分子电离程度百分数，类似于第2章中讨论的物质的转化率），方程式中所列三个微粒的浓度均降低，因此pH也增大。

② 加冰醋酸。冰醋酸即纯醋酸，加入反应物，平衡自然右移，但是由于右边微粒浓度大，这次右移必然会受到阻碍，也就是说，转化率会降低，因此电离度α减小（此处类比于第2章中讨论的等比例增大反应物浓度，平衡右移，但转化率降低的例子）。同时，电离出的$c(H^+)$和$c(CH_3COO^-)$均增大，pH降低。

③ 加NaOH。NaOH中的OH^-会和醋酸电离出的H^+发生反应，使$c(H^+)$减小，平衡右移，则醋酸电离度增大，$c(CH_3COO^-)$增大，pH增大。

④ 加CH_3COONa。CH_3COONa电离出大量CH_3COO^-，$c(CH_3COO^-)$增大，则平衡左移，电离度降低。平衡左移的同时消耗了H^+，则$c(H^+)$降低，pH增大。

⑤ 通入HCl。HCl电离出大量H^+，$c(H^+)$增大，则平衡左移，电离度降低，且pH减小。平衡左移的同时，消耗了CH_3COO^-，则$c(H^+)$降低，pH增大。

⑥ 加热。电离是一个断裂化学键的过程，因此电离是吸热的，故加热平衡右移，电离度增大，$c(H^+)$和$c(CH_3COO^-)$都增大，pH降低。

关于pH的变化，还有一种非常简单的思路，介绍如下：

① 加水：由于酸变得不那么酸了，因此pH增大。

② 加冰醋酸：往稀酸溶液中加入纯酸，则溶液会变得更酸，因此pH减小。

③ 加NaOH：往酸溶液中加碱，pH必然增大。

④ 加CH_3COONa：CH_3COONa溶液是碱性的，因此CH_3COONa是一个碱性物质，往酸溶液中加入碱性物质，pH必然增大。

⑤ 通入HCl：往弱酸稀溶液中通入强酸，溶液会变得更酸，pH必然减小。

同学们经常会问，浓酸稀释时，电离度增大，应该吸收更多的热，但为什么经常会放热呢？实际上，电离只是酸溶解的第一步，第二步是电离出的离子和水分子结合，生成水合离子，这一步叫作"水合"（hydration）。"水合"会形成新的化学键或者分子间作用力，这一步是放热的。因此，物质在溶解的过程中究竟表现为温度升高还是降低，与电离吸收的热量和"水合"放出的热量的相对大小有关。很多浓酸、浓碱稀释放热，就是因为"水合"放出的热量比较大。

3.2.3 关于溶液导电能力的讨论

溶液的导电能力和溶液中的离子总浓度有关,离子总浓度越大,导电能力越强,如图3.8所示。下面来看几个经典例子。

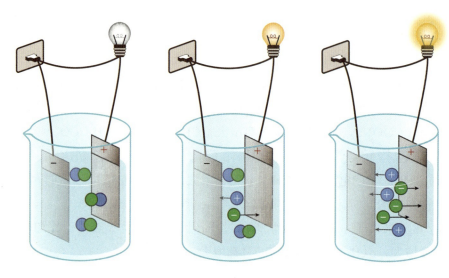

溶液的导电能力 | 图 3.8

1. 冰醋酸的稀释

往冰醋酸中加水,测得体系的导电能力与所加水的体积的关系如图3.9所示。

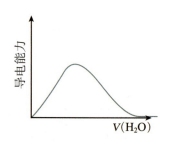

溶液的导电能力随 $V(H_2O)$ 的变化曲线 | 图 3.9

冰醋酸和纯硫酸、纯硝酸一样,是不电离的,由分子组成,因此没有离子浓度,也不导电;当开始加水后,有H^+和酸根离子电离出来,导电能力开始提高;如果无限稀释,则相当于纯水,几乎也不导电。因此,曲线中必然存在一个导电能力最强的点,也就是离子浓度最大的点。

我们平时所说的醋酸的稀释,通常指的是最高点之后的部分。如果有习题考查"浓酸稀释时$c(H^+)$的变化",就要考虑前半段了。

2. 酸碱中和反应

（1）往V L盐酸中逐滴滴加等浓度的氢氧化钠

此处关键是分析离子总浓度的变化，先来看离子的物质的量。盐酸中是H^+和Cl^-，当恰好中和后，溶液中是Na^+和Cl^-，离子的物质的量没有发生变化。但是由于加入的是氢氧化钠溶液，最终溶液总体积增大，所以离子浓度减小，导电能力降低，如图3.10中AB段所示；继续加氢氧化钠，如果考虑极端情况，就是加超多的氢氧化钠溶液，则混合溶液的导电能力最终会趋向于原氢氧化钠溶液的导电能力，这与等浓度的盐酸的导电能力是相同的，如图3.10中BC段所示。

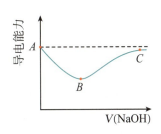

溶液的导电能力随V(NaOH)的变化曲线 | 图3.10

（2）往V L硫酸中逐滴滴加等浓度的氢氧化钡

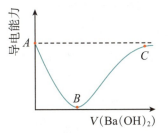

溶液的导电能力随$V(Ba(OH)_2)$的变化曲线 | 图3.11

此处还是分析离子总浓度的变化，我们先来看离子的物质的量。硫酸中是$2H^+$和SO_4^{2-}，当恰好中和后，溶液中只剩$BaSO_4$，它是难溶物，电离出的离子太少太少，加上水的电离太弱，因此溶液导电能力几乎降为0，如图3.11中AB段所示；继续加氢氧化钡溶液，如果考虑极端情况，就是加超多的氢氧化钡溶液，则混合溶液的导电能力最终会趋向于原氢氧化钡溶液的导电能力，这与等浓度的硫酸的导电能力是相同的，如图3.11中BC段所示。

（3）往V L氨水中逐滴滴加等浓度的醋酸

一水合氨是弱电解质，电离出的离子浓度比较小，因此开始时溶液的导电能力比较弱；当加入醋酸后，逐渐生成CH_3COONH_4，它是强电解质，可完全电离，因此溶液中的离子浓度会大大增多，溶液的导电能力也大大增强，如图3.12中AB段所示；继续加入醋酸，如果考虑极端情况，就是加超多的醋酸溶液，则混合溶液的导电能力最终会趋向于醋酸溶液的导电能力，这与等浓度的氨水的导电能力是相同的，如图3.12中BC段所示。

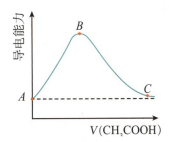

溶液的导电能力随$V(CH_3COOH)$的变化曲线 | 图3.12

3.2.4　强酸、弱酸的对比

以HCl水溶液和CH_3COOH水溶液为例，看看强酸和弱酸的一些区别及原因解释。

（1）两份溶液等浓度时，pH较大的是醋酸。

这是因为HCl是强电解质，H^+完全电离，而醋酸是弱电解质，不完全电离，电离出的H^+浓度较低，pH较大。

这是强酸、弱酸的一个鉴别方法：配制等浓度的溶液，pH较大者为弱酸。

（2）两份溶液等pH时，浓度较大的是醋酸。

等pH时，则两份溶液中$c(H^+)$相同。而醋酸的电离程度小，想要达到和盐酸相同的$c(H^+)$，则必须浓度大。

（3）等浓度时，加水稀释，稀释相同的倍数时，pH变化较大的是盐酸。

在加水稀释的过程中，醋酸的电离程度会增大，电离出更多的H^+，因此醋酸溶液中$c(H^+)$下降比较慢，pH变化较小；而盐酸中的H^+已经完全电离，没有额外的H^+可以补充，所以稀释时$c(H^+)$下降比较快，pH变化较大。

这是强酸、弱酸的又一个比较方法：加水稀释，pH变化较慢者为弱酸。

（4）等浓度、等体积的盐酸和醋酸与足量锌粉反应，反应速率较快的是盐酸，最终生成H_2的量两者一样多。

等浓度的强酸和弱酸，弱酸电离出的$c(H^+)$小，所以和活泼金属反应的速率较慢；但是盐酸和醋酸等浓度等体积，也就是物质的量相同，根据它们与锌反应的如下化学方程式：

$$2HCl + Zn = ZnCl_2 + H_2\uparrow$$

$$2CH_3COOH + Zn = Zn(CH_3COO)_2 + H_2\uparrow$$

可知最终生成H_2的量也相同，只是醋酸反应速率慢于盐酸。

（5）等pH、等体积的盐酸和醋酸与足量锌粉反应，反应速率较快的是醋酸，最终生成H_2的量较多的是醋酸。

等pH的强酸和弱酸，弱酸的浓度要远大于强酸，当和Zn反应时，开始时两者$c(H^+)$相同，所以刚开始反应速率相同；反应后$c(H^+)$开始降低，但是弱酸边反应边电离补充H^+，强酸则无法再补充，此时弱酸中的$c(H^+)$大于强酸，因此反应速率快；生成氢气的量与酸的物质的量有关，显然醋酸的物质的量远大于盐酸，故醋酸生成的H_2较多。

3.2.5 K_a 的应用

1. K_a 与 pH 的换算

【例3.1】室温下,0.1 mol/L的醋酸溶液,pH = 3,求醋酸室温下的电离平衡常数。

【解析】此类计算一定离不开三段式,所以第2章中三段式的基础很重要。

	CH_3COOH	$\rightleftharpoons$	CH_3COO^-	+	H^+
电离前	0.1 mol/L		0		0
电离出	10^{-3} mol/L		10^{-3} mol/L		10^{-3} mol/L
电离后	$(0.1-10^{-3})$ mol/L		10^{-3} mol/L		10^{-3} mol/L

因此

$$K_a(CH_3COOH) = \frac{c(CH_3COO^-) \cdot c(H^+)}{c(CH_3COOH)} = \frac{10^{-3} \cdot 10^{-3}}{0.1 - 10^{-3}} \text{ mol/L}$$

上述数字算起来比较复杂,下面采取一种艺术的处理手法:

$$K_a(CH_3COOH) = \frac{c(CH_3COO^-) \cdot c(H^+)}{c(CH_3COOH)}$$

$$= \frac{10^{-3} \cdot 10^{-3}}{0.1 - 10^{-3}} \text{ mol/L} \approx \frac{10^{-3} \cdot 10^{-3}}{0.1} \text{ mol/L} = 10^{-5} \text{ mol/L}$$

> **主编寄语**
>
> 所谓的艺术的处理手法,即相差100倍及以上的数字相加减,忽略较小者。在高中阶段对计算精度要求不高的习题中,这种手法可以大大简化我们的计算。

【例3.2】室温下,$K_a(CH_3COOH) = 10^{-5}$,求0.1 mol/L的醋酸溶液的pH。

【解析】我们再次列出三段式,设溶液中醋酸电离出的$c(H^+)$为 x mol/L。

	CH_3COOH	$\rightleftharpoons$	CH_3COO^-	+	H^+
电离前	0.1 mol/L		0		0
电离出	x mol/L		x mol/L		x mol/L
电离后	$(0.1-x)$ mol/L		x mol/L		x mol/L

因此

$$K_a(\mathrm{CH_3COOH}) = \frac{c(\mathrm{CH_3COO^-}) \cdot c(\mathrm{H^+})}{c(\mathrm{CH_3COOH})} = \frac{x \cdot x}{0.1 - x} \text{ mol/L} = 10^{-5} \text{ mol/L}$$

解出x即可。此处是一个数据不太容易计算的一元二次方程,下面再次使用艺术的处理手法:

$$K_a(\mathrm{CH_3COOH}) = \frac{c(\mathrm{CH_3COO^-}) \cdot c(\mathrm{H^+})}{c(\mathrm{CH_3COOH})} = \frac{x \cdot x}{0.1 - x} \text{ mol/L} \approx \frac{x \cdot x}{0.1} \text{ mol/L} = 10^{-5} \text{ mol/L}$$

解得$x = 0.001$,故pH = 3。

2. 判断化学反应方程式书写正误

在水溶液中,只要不涉及氧化还原,就基本遵循"较强酸制较弱酸"的原则,我们也可以扩展到"较强电解质制较弱电解质",据此可以用K_a的数值来判定一些反应方程式的书写是否正确。

【例3.3】往NaClO溶液中通入少量CO_2的离子方程式为CO_2 + H_2O + 2ClO$^-$ = 2HClO + CO_3^{2-},是否正确?已知H_2CO_3的$K_{a1} = 10^{-7}$,$K_{a2} = 10^{-11}$,HClO的$K_a = 10^{-8}$。

【解析】此类题目通常分两步思考:

第一步:方程式本身是否符合"强酸制弱酸"?

标出方程式左边的酸和方程式右边新生成的酸的K_a值:

$$CO_2 + H_2O + 2ClO^- = 2HClO + CO_3^{2-}$$
$$10^{-7} \qquad\qquad\qquad 10^{-8}$$

(碳酸的酸性考虑其第一级电离即可)

作为反应物的酸的K_a大于作为生成物的酸的K_a,符合"强酸制弱酸"原理,没问题。

第二步:生成物能否继续反应?

生成物中有一个弱酸HClO,还有一个弱酸根CO_3^{2-},它们能发生反应吗?不妨写出来:

$$HClO + CO_3^{2-} = HCO_3^- + ClO^-$$
$$10^{-8} \qquad\qquad 10^{-11}$$

作为反应物的酸的K_a大于作为生成物的酸的K_a，依然符合"强酸制弱酸"原理，这个反应可以发生，这就说明题干中所给的离子方程式是错误的。HClO和CO_3^{2-}无法大量共存，方程式应该写为

$$CO_2 + H_2O + ClO^- = HClO + HCO_3^-$$

3.3 水的电离和溶液的酸碱性

溶液的酸碱性和氢离子浓度的大小没有直接关系，而是要看氢离子浓度和氢氧根浓度的相对大小：氢离子浓度较大，则溶液呈酸性；氢氧根浓度较大，则溶液呈碱性。

3.3.1 几种 pH 计算的题型

1. 稀释型

（1）室温下，将0.1 mol/L的HCl溶液稀释100倍。

HCl是强电解质，在水溶液中是完全电离的，因此0.1 mol/L的HCl溶液中$c(H^+)$ = 0.1 mol/L；稀释100倍后，$c(H^+)$ = 0.001 mol/L，则pH = $-\lg 10^{-3}$ = 3。

（2）室温下，将0.1 mol/L的HCl稀释10^8倍。

HCl是强电解质，在水溶液中是完全电离的，因此0.1 mol/L的HCl溶液中$c(H^+)$ = 0.1 mol/L；稀释10^8倍后，$c(H^+)$ = 10^{-9} mol/L，则pH = $-\lg 10^{-9}$ = 9。是不是觉得有点奇怪？酸稀释后，怎么变成碱性了？这显然不可能，因此上面的计算出问题了。

实际上，当酸无限稀释后，酸自身提供的$c(H^+)$太小了，此时溶液中主要的H^+来源是水的电离，而室温下纯水的pH = 7，因此酸无限稀释后，pH无限接近于7。

（3）室温下，将0.1 mol/L的NaOH稀释100倍。

NaOH是强电解质，在水溶液中是完全电离的，因此0.1 mol/L的NaOH溶液中$c(OH^-)$ = 0.1 mol/L；稀释100倍后，$c(OH^-)$ = 0.001 mol/L，则$c(H^+)$ = $10^{-14}/0.001$ = 10^{-11}，pH = $-\lg 10^{-11}$ = 11。注意，此时不要直接计算$c(H^+)$，因为在碱溶液中，H^+来自水的电离，在稀释时，水电离出的H^+变化较大，只有OH^-浓度随

着稀释而正常变化。永远记住一句话：H^+和OH^-，谁多先算谁。

（4）将0.1 mol/L的NaOH稀释10^8倍。

和（2）中的分析一样，无限稀释，pH接近于7。

2. 酸酸混合/碱碱混合型

（1）室温下，将pH = 2和pH = 4的HCl等体积混合。

混合后溶液必然呈酸性，直接计算$c(H^+)$即可。设两份溶液的体积均为V L，则

$$c(H^+) = \frac{n(H^+)}{V_\text{总}} = \frac{10^{-2}V + 10^{-4}V}{V+V} \approx \frac{10^{-2}}{2} \text{ mol/L}$$

$$pH = -\lg\frac{10^{-2}}{2} = 2 + \lg 2 \approx 2.3$$

这里我们再次用到了艺术的处理手法，将10^{-4}忽略掉。我们还可以得出一个结论：pH相差2及以上的强酸等体积混合，混合后的pH等于原pH较小者加0.3。但是不希望大家死记这个结论，还是要学会自己推导。

（2）室温下，将pH = 12和pH = 14的NaOH等体积混合。

混合后溶液必然呈碱性，直接计算$c(OH^-)$即可。设两份溶液的体积均为V L，则

$$c(OH^-) = \frac{n(OH^-)}{V_\text{总}} = \frac{10^{-2}V + 10^0 V}{V+V} \approx \frac{10^0}{2\text{ L}} \text{ mol} = 0.5 \text{ mol/L}$$

$$pH = -\lg\frac{K_w}{c(OH^-)} = -\lg(2 \times 10^{-14}) = 14 - \lg 2 \approx 13.7$$

这里我们还是用到了艺术的处理手法，将10^{-2}忽略掉。我们可以得出一个结论：pH相差2及以上的强碱等体积混合，混合后的pH等于原pH较大者减0.3。但是不希望大家死记这个结论，还是要学会自己推导。

3. 酸碱中和型

（1）室温下，将pH = 2的HCl和pH = 12的NaOH等体积混合。

由于发生酸碱中和反应，首先要计算出两份溶液中H^+和OH^-的物质的量分别是多少，然后计算出过量的酸或碱的浓度。设两份溶液的体积均为V L，则

$$n(H^+) = c(H^+)V_\text{酸} = 10^{-2}V \text{ mol}$$

$$n(OH^-) = c(OH^-)V_\text{碱} = \frac{K_w}{c(H^+)} \cdot V_\text{碱} = 10^{-2}V \text{ mol}$$

我们发现 $n(H^+) = n(OH^-)$，则溶液混合后酸碱恰好中和，呈中性，pH = 7。

（2）室温下，将pH = 4的HCl和pH = 12的NaOH等体积混合。

设两份溶液的体积均为 V L，则

$$n(H^+) = c(H^+)V_{酸} = 10^{-4}V \text{ mol}$$

$$n(OH^-) = c(OH^-)V_{碱} = \frac{K_w}{c(H^+)} \cdot V_{碱} = 10^{-2}V \text{ mol}$$

我们发现 $n(H^+) < n(OH^-)$，则溶液混合后碱过量，呈碱性，直接计算 $c(OH^-)$ 即可。

$$c(OH^-) = \frac{n(OH^-) - n(H^+)}{V_{总}} = \frac{10^{-2}V - 10^{-4}V}{V+V} \approx \frac{10^{-2}}{2} \text{ mol/L}$$

$$pH = -\lg\frac{K_w}{c(OH^-)} = -\lg(2 \times 10^{-12}) = 12 - \lg 2 \approx 11.7$$

【思考1】室温下，将pH = a 的强酸和pH = b 的强碱等体积混合，混合后溶液显什么性？

【解析】设两份溶液的体积均为 V L，则

$$n(H^+) = c(H^+)V_{酸} = 10^{-a}V \text{ mol}$$

$$n(OH^-) = c(OH^-)V_{碱} = \frac{K_w}{c(H^+)} \cdot V_{碱} = 10^{b-14}V \text{ mol}$$

若 $n(H^+) = n(OH^-)$，则溶液混合后酸碱恰好中和，呈中性，故 $10^{-a} = 10^{b-14}$，因此 $a + b = 14$；

若 $n(H^+) > n(OH^-)$，则溶液混合后 H^+ 过量，呈酸性，故 $10^{-a} > 10^{b-14}$，因此 $a + b < 14$；

若 $n(H^+) < n(OH^-)$，则溶液混合后 OH^- 过量，呈碱性，故 $10^{-a} < 10^{b-14}$，因此 $a + b > 14$。

综上，可以得出一个更加广泛的结论：将pH = a 的强酸和pH = b 的强碱等体积混合，若 $a + b = -\lg K_w$，则混合后溶液呈中性；若 $a + b > -\lg K_w$，则混合后溶液呈碱性；若 $a + b < -\lg K_w$，则混合后溶液呈酸性。

【思考2】室温下，将pH = a 的强酸和pH = b 的弱碱等体积混合，且 $a + b = 14$，混合后溶液显什么性？

【解析】若碱为强碱，则根据上述分析，溶液应该呈中性；现在把强碱换成等pH的弱碱，则弱碱的浓度远大于强碱，与酸混合后，弱碱大大过量，故混合液呈碱性。

【例3.4】室温下，将pH = 2的HCl和pH = 12的NaOH混合后，pH = 9，求酸碱体积比。

【解析】设盐酸体积为V_1 L，NaOH溶液体积为V_2 L，则

$$n(H^+) = c(H^+)V_{酸} = 10^{-2}V_1 \text{ mol}$$

$$n(OH^-) = c(OH^-)V_{碱} = \frac{K_w}{c(H^+)} \cdot V_{碱} = 10^{-2}V_2 \text{ mol}$$

因混合后呈碱性，说明OH^-过量，直接计算混合后的$c(OH^-)$，即

$$c(OH^-) = \frac{n(OH^-) - n(H^+)}{V_{总}} = \frac{10^{-2}V_2 - 10^{-2}V_1}{V_2 + V_1} = 10^{-5} \text{ mol/L}$$

等式两边同时乘以10^5，化为

$$\frac{10^3 V_2 - 10^3 V_1}{V_2 + V_1} = 1$$

合并同类项后，解得$V_1 : V_2 = 999 : 1001$。

> **主编寄语**
>
> 解答此类习题时，同学们一定要准备一张干净的草稿纸，耐心演算，思路并不难，更多同学反而会经常在数学计算上犯低级错误，一定要注意！

3.3.2 水的电离程度

我们经常会遇到这样的问题：某种溶液中由水电离出的$c(H^+)$是多少？哪份溶液中水的电离程度较大？

根据水的电离方程式，由水电离出的$c(H^+)$恒等于由水电离出的$c(OH^-)$，即

$$c_水(H^+) = c_水(OH^-)$$

而在纯水中有

$$c_\text{水}(\text{H}^+) = c_\text{水}(\text{OH}^-) = \sqrt{K_\text{w}}$$

这两个式子看似简单，实则非常重要。我们在计算水的电离程度时，经常要用到两者之间的换算。下面我们先来看看水的电离受哪些因素的影响（图3.13）。

微件　水的电离｜图3.13

1. 水的电离程度的影响因素

（1）室温下：

酸溶液中（pH < 7），由于外来大量H^+，水的电离受抑制，水的电离程度减小，故$c_\text{水}(\text{H}^+) = c_\text{水}(\text{OH}^-) < 10^{-7}$ mol/L。

碱溶液中（pH > 7），由于外来大量OH^-，水的电离受抑制，水的电离程度减小，故$c_\text{水}(\text{H}^+) = c_\text{水}(\text{OH}^-) < 10^{-7}$ mol/L。

在可水解的盐溶液中，由于离子结合了水电离出的H^+或OH^-，因此水的电离受促进，水的电离程度增大，$c_\text{水}(\text{H}^+) = c_\text{水}(\text{OH}^-) > 10^{-7}$ mol/L；至于溶液呈酸性、碱性还是中性，要看具体是什么溶质，例如NH_4Cl溶液呈酸性，CH_3COONa溶液呈碱性，$\text{CH}_3\text{COONH}_4$溶液呈中性，但它们都促进了水的电离。

（2）从室温加热到100 ℃时，由于电离是吸热的，因此电离平衡右移，水的电离受促进，水的电离程度增大，$c_\text{水}(\text{H}^+) = c_\text{水}(\text{OH}^-) > 10^{-7}$ mol/L，溶液pH < 7，呈中性。

总之，讨论水的电离程度时，首先要关心水的电离受抑制还是受促进，与溶液的酸碱性、pH没有直接的关系。

2. $c_\text{水}(\text{H}^+)$或$c_\text{水}(\text{OH}^-)$的计算

对于这一类问题，首先计算出溶液中的$c(\text{H}^+)$和$c(\text{OH}^-)$，然后分析清楚溶液中的H^+和OH^-都是从哪里来的，最后就可以看出水电离出的$c_水(H^+)$或$c_水(OH^-)$。

（1）室温下，pH = 4的HCl溶液中，由水电离出的氢离子浓度为多少？

在pH = 4的HCl溶液中，$c(H^+) = 10^{-4}$ mol / L，来自于HCl，与水的电离无关；$c(OH^-) = 10^{-10}$ mol / L，来自于水的电离。因此，由水电离出的氢离子浓度$c_水(H^+) = c_水(OH^-) = c(OH^-) = 10^{-10}$ mol / L。

（2）室温下，pH = 4的NH_4Cl溶液中，由水电离出的氢离子浓度为多少？

由于NH_4Cl本身不能电离出H^+和OH^-，因此pH = 4的NH_4Cl溶液中，$c(H^+) = 10^{-4}$ mol / L，来自于水的电离；$c(OH^-) = 10^{-10}$ mol / L，还是来自于水的电离，那么由水电离出的氢离子浓度到底是多少呢？

考虑到水电离出的OH^-绝大多数被NH_4^+结合，故溶液中的H^+更能代表水的电离程度。因此，由水电离出的氢离子浓度$c_水(H^+) = c(H^+) = 10^{-4}$ mol / L。

（3）室温下，pH = 10的NaOH溶液中，由水电离出的氢离子浓度为多少？

在pH = 10的NaOH溶液中，$c(OH^-) = 10^{-4}$ mol / L，来自于NaOH，与水的电离无关；$c(H^+) = 10^{-10}$ mol / L，来自于水的电离。因此，由水电离出的氢离子浓度$c_水(H^+) = c(H^+) = 10^{-10}$ mol / L。

（4）室温下，pH = 10的Na_2CO_3溶液中，由水电离出的氢离子浓度为多少？

由于Na_2CO_3本身不能电离出H^+和OH^-，因此在pH = 10的Na_2CO_3溶液中，$c(OH^-) = 10^{-4}$ mol / L，来自于水的电离；$c(H^+) = 10^{-10}$ mol / L，还是来自于水的电离，那么由水电离出的氢离子浓度到底是多少呢？

考虑到水电离出的H^+绝大多数被CO_3^{2-}结合，故溶液中的OH^-更能代表水的电离程度。因此，由水电离出的氢离子浓度$c_水(H^+) = c(OH^-) = 10^{-4}$ mol / L。

综上可知，在pH = a的单溶质溶液中，由水电离出的氢离子浓度$c_水(H^+)$要么为溶液中的氢离子浓度10^{-a} mol / L，要么为溶液中的氢氧根浓度10^{a-14} mol / L，那么到底取哪个值呢？如果溶质抑制了水的电离，就取较小值；如果溶质促进了水的电离，就取较大值。

【例3.5】往一定浓度的NaOH溶液中持续通入CO_2直至过量，得到如图3.14所示曲线。请分析A、B、C三点的溶质组成及判断溶液的酸碱性。

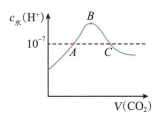

水的电离程度随 $V(CO_2)$ 的变化曲线 | 图 3.14

【解析】首先我们要回忆NaOH溶液中逐渐通入CO_2时所发生的反应，如下所示：

$$\text{NaOH} \xrightarrow{CO_2} \text{Na}_2\text{CO}_3 \xrightarrow{CO_2} \text{NaHCO}_3 \xrightarrow{CO_2} \text{NaHCO}_3 + \text{H}_2\text{CO}_3$$

酸/碱性	碱性	碱性	碱性	碱性	酸性
对水的电离	抑制	促进	促进	促进	抑制

所以，图3.14中各点的溶质组成，只有可能是NaOH（抑制水的电离）、NaOH + Na_2CO_3（前者抑制水的电离，后者促进水的电离）、Na_2CO_3（促进水的电离）、Na_2CO_3 + $NaHCO_3$（均促进水的电离）、$NaHCO_3$（促进水的电离）、$NaHCO_3$ + H_2CO_3（前者促进水的电离，后者抑制水的电离）。而$c_水(H^+) = 10^{-7}$的点（即水的电离未受影响）只有可能是NaOH + Na_2CO_3或者$NaHCO_3$ + H_2CO_3，这两种组合都是一个促进一个抑制，加在一起才有可能使水的电离程度和纯水相同。很显然，A点是NaOH + Na_2CO_3，C点是$NaHCO_3$ + H_2CO_3，B点是水的电离程度最大的点，应该是Na_2CO_3，因为CO_3^{2-}的水解程度远大于HCO_3^-。

三个点的酸碱性要看溶质本身。NaOH是碱性的，Na_2CO_3也是碱性的，因此A点必然是碱性的，B点也是碱性的。C点最特殊，$NaHCO_3$呈碱性，H_2CO_3呈酸性，$NaHCO_3$促进水的电离，H_2CO_3抑制水的电离，且水的电离程度正好为10^{-7} mol/L，五大因素（一酸一碱一促一抑，$c_水(H^+) = 10^{-7}$ mol/L）共同决定了该溶液呈中性。

3.3.3 酸碱中和滴定及其推广应用

酸碱中和滴定是高中阶段第二个精确定量实验（图3.15），也是当代化学应用非常广泛的一个实验，下面我们来学习一下它的基础模型和简单推广。

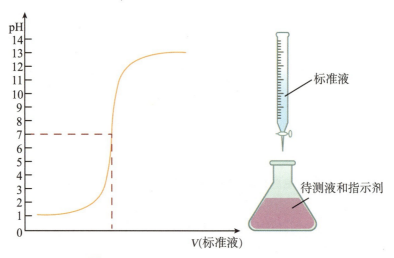

视频 酸碱中和滴定实验 | 图 3.15

1. 滴定目的

精确测定未知酸或碱的浓度。

2. 实例

往 20.00 mL NaOH 溶液中逐滴加入 0.1 mol/L 的盐酸,当恰好完全反应时,消耗盐酸体积为 x mL,则 NaOH 溶液的浓度为多少?

这个非常容易计算,因为恰好中和,所以碱中的 $n(OH^-)$ 等于酸中的 $n(H^+)$,因此 $0.02 \times c(NaOH) = x \times 10^{-3} \times 0.1$,解得 $c(NaOH) = \dfrac{x}{200}$ mol/L。

> **主编寄语**
>
> 这是我们高一就会做的一道简单习题,但若把这道理论计算题转化成实验操作,就不那么容易了,需要考虑实验的设计、装置的选择等一系列问题。

3. 实验操作时需要注意的细节

(1) 如何精确读取/测定溶液的体积?

因为完成这个实验,首先要取 20.00 mL 的 NaOH 溶液,然而量筒的精确度只有 0.1 mL,达不到量取的要求,所以必须要使用更加精确的可以量取液体体积的仪器，滴定管就应运而生了。

图3.16所示是两种经典的滴定管，左边配的是玻璃活塞，叫作酸式滴定管；右边配的是一段橡胶管和玻璃珠，叫作碱式滴定管。

首先，需要注意滴定管的结构特点：

① 滴定管的零刻度线在上方，刻度由上到下逐渐变大，精确度为0.01 mL。

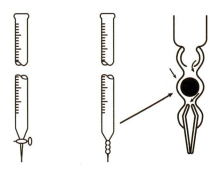

酸式、碱式滴定管 | 图3.16

② 滴定管的满刻度不在最低处，与尖嘴有一段距离。因此，量程为25.00 mL的滴定管，初始液面为15.00 mL，然后将液体全部放出，实际放出的液体体积是大于10.00 mL的。

③ 酸式滴定管不能装碱液，因为它有磨口玻璃活塞，会和碱液作用而被黏住；碱式滴定管不能装酸液和强氧化剂，因为橡胶管易被腐蚀。

其次，滴定管结构特殊，精确度高，使用时自然就有更多的讲究，使用步骤如下：

① 检漏：使用前先检查滴定管是否漏水。

② 洗涤和润洗：先用蒸馏水洗涤2~3次，然后在加入待装溶液之前，已经清洗干净的滴定管要用所要盛装的溶液洗2~3次，这叫润洗。如果不润洗，则会导致溶液装入后浓度变小，对滴定结果带来影响。

③ 装液：分别将溶液加入相应滴定管中，使液面位于滴定管刻度"0"以上2~3 mL处。

④ 调节起始读数：在滴定管下放一烧杯，调节活塞（或手捏玻璃珠），使滴定管尖嘴部分充满反应液，赶走所有气泡，然后调节滴定管液面，使其处于某一刻度，并记录读数。待放出所需溶液后，再次记录读数，两次读数之差即为所取溶液的体积。注意，一定要赶走尖嘴气泡。如果没有赶走气泡，则会给后续的滴定结果带来影响，我们后面再作分析。

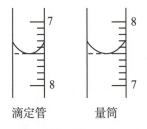

滴定管和量筒的区别 | 图3.17

最后，注意滴定管和量筒的区别。

图3.17所示是两种量取液体的仪器片段，读数就有差别：前者刻度上小下大，是滴定管，读数为7.50 mL，精确到小数点后两位；后者刻度上大下小，是量筒，读数为7.5 mL，精确到小数点后一位。

（2）如何判断酸碱恰好完全反应？

盐酸和氢氧化钠溶液的反应，没有肉眼能够观察出的现象。如何判断什么时候恰好中和呢？酸碱指示剂也就应运而生了。

酸碱指示剂的关键作用就是帮助我们判断酸碱何时恰好完全反应。因此，我们希望在酸碱恰好完全反应的那一瞬间，指示剂恰好变色，且变色很明显。

据此，最佳指示剂的选择标准就是：滴定终点时，溶液的pH应该落在指示剂的变色范围之内。

那么随着盐酸的加入，溶液的pH是如何变化的呢？我们来看一条曲线。

图3.18是溶液的pH随$V(HCl)$的变化曲线，又叫作滴定曲线（titration curve）。从曲线中可以发现，在滴定终点时，少加一滴酸或者多加一滴酸，带来的pH变化非常大。这在滴定曲线中表现为滴定突跃。只要指示剂的变色范围落在滴定突跃范围内，就都可以选用。

一般常用的中和滴定指示剂有两种：甲基橙，变色范围为3.1~4.4，3.1以下为红色，中间是橙色，4.4以上是黄色；酚酞，变色范围为8~10，8以下是无色，10以上

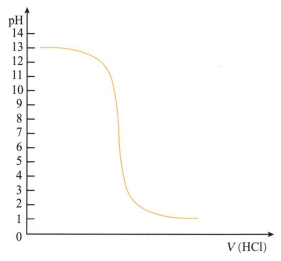

溶液的pH随$V(HCl)$的变化曲线 | 图3.18

是红色，中间是浅红。很遗憾，中学阶段没有pH = 7时恰好变色的指示剂。通常不用紫色石蕊试液，因为蓝色变紫色很难看出来，肉眼判断容易失误。

根据两种指示剂的变色范围，我们可以根据反应本身做出选择：如果滴定终点呈中性，则两种指示剂均可选择；如果滴定终点呈酸性，则选择甲基橙作为指示剂；如果滴定终点呈碱性，则选择酚酞作为指示剂。

这里有两个问题需要注意：

① 滴定终点指的是酸碱恰好完全反应的点，而不是pH = 7的点。

② 滴定终点附近多加1滴酸或少加1滴酸，带来的pH变化真有那么大吗？下面举例计算一下：

往NaOH和HCl已经恰好完全反应呈中性的100 mL 溶液中多加1滴盐酸（设盐酸浓度为0.02 mol／L，1滴盐酸体积为0.05 mL），则溶液中有

$$c(H^+) = \frac{0.05 \times 10^{-3} \times 0.02 \text{ mol}}{100 \times 10^{-3} \text{ L}} = 10^{-5} \text{ mol/L}$$

pH = 5

可见，多加1滴酸，pH直接变化了2个单位，滴定突跃也就不难理解了。我们假设在上述情景中，用甲基橙作为指示剂，加在待测NaOH溶液中，呈黄色；恰好中和时，pH = 7，指示剂并未变色；多加1滴盐酸，pH = 5，还没变色，但是离4.4不远了，此时再加一点点（不到1滴）盐酸，指示剂就会由黄色变为橙色，滴定终止。这里存在1滴酸的误差，这样的误差是允许的。

4. 滴定步骤

（1）准备工作

滴定管：① 检漏，② 洗涤，③ 润洗，④ 装液，⑤ 固定，⑥ 排气，⑦ 调液面，⑧ 记录。

锥形瓶：① 洗涤（不可润洗），② 装液，③ 加指示剂（不可遗漏）。

一般来说，滴定管盛放标准溶液，锥形瓶盛放待测溶液。将待测溶液移入锥形瓶时，用的也是滴定管，只有滴定管（或者移液管）能够准确量取溶液的体积。锥形瓶是不需要润洗的，有蒸馏水残留也没有关系，只要锥形瓶中溶质的物质的量固定即可。

（2）滴定操作

如图3.19所示，左手控制滴定管的活塞（或玻璃珠），右手摇动锥形瓶以促进酸碱充分反应，眼睛务必注视锥形瓶内的溶液颜色变化。当滴入最后一滴标准液时，溶液恰好由颜色1变为颜色2，且半分钟内不恢复为颜色1，这说明已到达滴定终点。

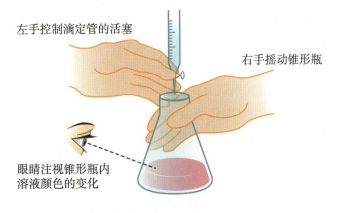

滴定操作示意图 | 图 3.19

（3）数据处理

按上述操作重复2~3次，求出消耗标准溶液体积的平均值，最后求得待测溶液的浓度（注意舍去明显错误的数据）。

5. 误差分析

现在依然看这个例子：往20.00 mL NaOH溶液中逐滴加入0.1 mol／L的盐酸，当恰好完全反应时，消耗盐酸体积为x mL，则NaOH溶液的浓度为$\dfrac{x}{200}$ mol／L。

NaOH作为待测液，一般放在锥形瓶中；盐酸浓度已知，是标准液，一般装在滴定管中。最后把消耗盐酸的体积x代入公式，就可以求得NaOH的浓度。在这个过程中我们会发现，最终会影响到计算结果的是代入公式的盐酸体积x。如果代入的x偏大，则计算结果偏大；如果代入的x偏小，则计算结果偏小。那么，在滴定过程中可能出现的以下操作情形，会不会对滴定计算结果产生影响呢？下面进行一一分析。

（1）未用标准溶液润洗酸式滴定管。

若没有润洗装盐酸的滴定管，则管壁会残留水珠；当盐酸溶液加入后，浓度会偏小，因此中和锥形瓶中的NaOH时，所耗的体积就会偏大，也就是x偏大，故计算结果偏大，c(NaOH)偏高。

（2）锥形瓶用待测溶液润洗。

锥形瓶中要装入20.00 mL NaOH，如果之前用NaOH润洗，则加入20.00 mL NaOH之后，锥形瓶中的NaOH实际上是偏多的，那么消耗的盐酸体积也会偏多，也就是x偏大，故计算结果偏大，c(NaOH)偏高。

（3）未用待测溶液润洗取用待测液的滴定管。

如果没有用待测的NaOH溶液润洗碱式滴定管，则装入管中的NaOH溶液会被稀释，浓度偏小，但是所取体积是固定的，为20.00 mL，因此放入锥形瓶中的NaOH的物质的量就少了，那么消耗盐酸也会偏少，也就是x偏小，故计算结果偏小，c(NaOH)偏低。

（4）锥形瓶洗净后瓶内还残留有少量蒸馏水。

锥形瓶是装已知体积的NaOH待测液的，锥形瓶中原先有水，并没有影响到所装NaOH的物质的量，那么消耗盐酸的量既不偏大也不偏小，故计算结果c(NaOH)不受影响。

（5）取碱液的滴定管尖嘴部分有气泡且取液结束前气泡消失。

此处碱液是待测液，我们取固定体积20.00 mL，也就是在操作过程中，我们把页面从"0"刻度放到"20"刻度即可。正常情况下，液面下降20.00 mL，尖嘴也应该放出20.00 mL液体。但是由于一开始尖嘴有气泡，所以这20.00 mL中包括了气泡的体积，也就是实际放出的NaOH溶液体积不足20.00 mL（图3.20），即消耗的盐酸体积偏小，也就是x偏小，故计算结果偏小，c(NaOH)偏低。

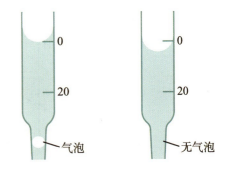

取液前、取液后气泡消失示意图｜图3.20

（6）滴定完毕后立即读数，半分钟后颜色又恢复。

颜色既然恢复了，说明还得继续滴盐酸才行，之前还没有反应完全，所以加入的盐酸体积偏小，也就是x偏小，故计算结果偏小，c(NaOH)偏低。

（7）滴定前滴定管尖嘴部分有气泡，滴定后消失。

这次气泡是在装标准液的滴定管中，也就是装盐酸的滴定管中。我们要一直滴加盐酸，直到指示剂变色。如果尖嘴有气泡，那么开始时放出的是气泡，NaOH并没有被中和掉，但此时液面已经下降了一部分，这部分体积会被计入消耗盐酸的总体积中，也就是x偏大，故计算结果偏大，c(NaOH)偏高。

（8）滴定前仰视读数或滴定后俯视读数。

关于仰视、俯视的问题，有些同学喜欢背口诀。这里不推荐大家这么做，一定要理解仰视、俯视导致误差的原理。

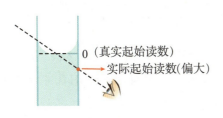

滴定前仰视示意图｜图3.21

如图3.21所示，滴定前仰视读数，会使起点读数偏大，而x = 终点读数 − 起点读数，起点读数偏大，则x偏小，故计算结果偏小，c(NaOH)偏低。

若滴定后俯视读数，则会导致终点读数偏小，道理一样。

6. 强弱相滴的曲线分析

【例3.6】向20.00 mL、0.1 mol/L的CH_3COOH溶液中逐滴滴入等浓度的NaOH溶液，溶液pH随NaOH溶液体积的变化关系如图3.22所示，回答问题：

（1）A点pH____1。

（2）B点的溶质为_____，K_a(CH_3COOH)约为_____。

（3）pH = 7的点应在C点_____。

（4）该实验应用_____作为指示剂，如果用错，则会导致滴定终点_____。

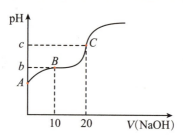

溶液的 pH 随加入氢氧化钠体积的变化曲线 | 图 3.22

【解析】（1）A 点是 0.1 mol/L 的 CH_3COOH 溶液。如果是 0.1 mol/L 的 HCl，则 $c(H^+) = 0.1$ mol/L，pH = 1；而 CH_3COOH 是弱电解质，电离出的氢离子浓度不到 0.1 mol/L，因此 pH > 1。

（2）B 点处加了 10 mL、0.1 mol/L 的 NaOH 溶液，正好中和掉一半的醋酸，因此 B 点的溶质为 CH_3COOH 和 CH_3COONa，而且正好 $c(CH_3COOH) = c(CH_3COONa)$。那么和 $K_a(CH_3COOH)$ 有什么关系呢？这种情况一定要回归本质，列出 $K_a(CH_3COOH)$ 的表达式：

$$K_a(CH_3COOH) = \frac{c(CH_3COO^-) \cdot c(H^+)}{c(CH_3COOH)}$$

由于 B 点处 $c(CH_3COOH) = c(CH_3COONa)$，因此公式中的 $c(CH_3COO^-)$ 约等于 $c(CH_3COOH)$，也就是在 B 点处，我们可以把上述公式简化为

$$K_a(CH_3COOH) = \frac{c(CH_3COO^-) \cdot c(H^+)}{c(CH_3COOH)} \approx c(H^+) = 10^{-b}$$

这个结论很重要，实验室中测定弱酸的电离平衡常数也经常用这种方法。B 点是共轭酸碱 1∶1 混合点，也是曲线中 pH 变化最为缓慢的点，利用该点的 pH 就可以直接估读酸的电离平衡常数！这一点在高考中经常遇到。

（3）C 点处加了 20 mL、0.1 mol/L 的 NaOH 溶液，恰好中和了醋酸，因此 C 点的溶质是 CH_3COONa。CH_3COONa 水解呈碱性，故 C 点 pH 大于 7，所以 pH = 7 的点在 C 点之前。

（4）滴定终点溶质为 CH_3COONa，水溶液呈碱性，所以选择酚酞作为指示剂。如果误选了甲基橙，则刚滴到 pH > 3.1 时就变色了，这时离滴定终点还有一定距离，我们却误认为反应完了。所以用错指示剂会导致滴定终点提前，计算出的浓度偏小。

7. 中和滴定的拓展应用

酸碱中和滴定实验由于能精确测定物质的浓度，因此在很多领域受到青睐，下

面介绍两种中和滴定的拓展应用——氧化还原滴定和沉淀滴定。

（1）氧化还原滴定

【例3.7】取V_1 mL $FeCl_3$溶液，加入过量的KI，充分反应后，再加入淀粉作为指示剂，用c_2 mol/L $Na_2S_2O_3$溶液滴定，达到滴定终点时，消耗$Na_2S_2O_3$溶液V_2 mL，求$FeCl_3$溶液的浓度c_1。已知$I_2 + 2S_2O_3^{2-} = 2I^- + S_4O_6^{2-}$。

【解析】这是经典的"碘量法"测氧化剂的浓度。具体做法如题干所描述的那样，往氧化剂中加入过量I^-，I^-就会定量转化成I_2，再用已知浓度的$Na_2S_2O_3$标准溶液滴定，测出I_2的量，从而反推氧化剂的量。这里的关键是正确写出第一步氧化还原反应的方程式，找出氧化剂和I_2之间量的关系。

$$2Fe^{3+} + 2I^- = I_2 + 2Fe^{2+}$$
$$I_2 + 2S_2O_3^{2-} = 2I^- + S_4O_6^{2-}$$

由此可以列出总比例关系式：$2Fe^{3+} \sim I_2 \sim 2S_2O_3^{2-}$。

因此
$$n(Fe^{3+}):n(S_2O_3^{2-}) = 1:1$$

所以
$$n(Fe^{3+}) = n(S_2O_3^{2-}) = V_2 \times 10^{-3} \times c_2 \text{ mol}$$
$$c(FeCl_3) = c_1 = V_2 \times 10^{-3} \times \frac{c_2}{V_1 \times 10^{-3}} \text{ mol/L} = \frac{c_2 V_2}{V_1} \text{ mol/L}$$

（2）沉淀滴定

【例3.8】取V_1 mL $FeCl_3$溶液，加入过量的V_2 mL、c_2 mol/L $AgNO_3$溶液，充分反应后，用c_3 mol/L NH_4SCN标准溶液滴定剩余的Ag^+，达到滴定终点时，消耗标准溶液V_3 mL，求$FeCl_3$溶液的浓度c_1。已知$Ag^+ + SCN^- = AgSCN$（白色沉淀）。

【解析】这是经典的"银量法"测定卤离子的浓度。具体做法如题干所描述的那样，在含卤素离子的酸性溶液中先加入过量的$AgNO_3$标准溶液，再以NH_4SCN标准溶液滴定过剩的Ag^+，直到达到滴定终点，利用两种试剂用量之差即可计算出卤素离子的量。

$Cl^-(aq) + Ag^+(aq) = AgCl(s)$，这一步消耗银离子$3c_1 \times V_1 \times 10^{-3}$ mol，还剩银离子$(c_2 \times V_2 \times 10^{-3} - 3c_1 \times V_1 \times 10^{-3})$ mol。而根据已知方程式$Ag^+(aq) + SCN^-(aq) = AgSCN(s)$，可知$Ag^+$与$SCN^-$是1∶1反应，故

$$c_2 \times V_2 \times 10^{-3} - 3c_1 \times V_1 \times 10^{-3} = c_3 \times V_3 \times 10^{-3}$$

解得

$$c_1 = \frac{c_2 \times V_2 - c_3 \times V_3}{3V_1} \text{ mol/L}$$

此处 c_2、V_2、c_3、V_1 均为已知量，V_3 为测定量，但是由于 V_3 处于"被减"的位置，因此代入的 V_3 越小，被测物浓度越大。

此外，非常巧妙的是，这里利用了 Fe^{3+} 作为指示剂，当 Ag^+ 恰好滴定完时，再加入 NH_4SCN，SCN^- 会马上与溶液中的 Fe^{3+} 发生反应，使溶液变红。如果溶液本身不含 Fe^{3+}，则一般会加入 $NH_4Fe(SO_4)_2$ 作为指示剂，原理是一样的。

3.4 盐类的水解

盐类在水溶液中电离出的离子结合了由水电离出的 H^+ 或 OH^-，生成弱电解质，留下了由水电离出的 OH^- 或 H^+，叫作**水解**（hydrolysis）。所谓水解，可以理解为"与水发生复分解反应"。

3.4.1 水解方程式的书写

1. 单水解

溶液中只有阳离子（或阴离子）发生水解：

CH_3COOK：$CH_3COO^- + H_2O \rightleftharpoons CH_3COOH + OH^-$

Na_2CO_3：$CO_3^{2-} + H_2O \rightleftharpoons HCO_3^- + OH^-$

$HCO_3^- + H_2O \rightleftharpoons H_2CO_3 + OH^-$

$MgCl_2$：$Mg^{2+} + 2H_2O \rightleftharpoons Mg(OH)_2 + 2H^+$

Na_2S：$S^{2-} + H_2O \rightleftharpoons HS^- + OH^-$

$HS^- + H_2O \rightleftharpoons H_2S + OH^-$

$(NH_4)_2Fe(SO_4)_2$：$NH_4^+ + H_2O \rightleftharpoons NH_3 \cdot H_2O + H^+$

$Fe^{2+} + 2H_2O \rightleftharpoons Fe(OH)_2 + 2H^+$

明矾：$Al^{3+} + 3H_2O \rightleftharpoons Al(OH)_3 + 3H^+$

明矾由于Al^{3+}的水解生成了氢氧化铝胶体，因此可作为净水剂。其净水原理如图3.23所示。

2. 双水解

顾名思义，盐溶液中阴、阳离子都可以发生水解，就叫双水解。依据水解程度的大小，分为"彻底双水解"和"部分双水解"两种类型。

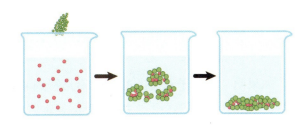

▶ 视频　明矾净水原理｜图3.23

（1）彻底双水解

由于阴、阳离子与水电离出的氢离子、氢氧根的结合趋势非常强，因此水解相互促进导致水解完全，并生成沉淀或者气体，此时水解方程式要改为"══"。例如，将硫酸铝和碳酸氢钠溶液混合发生了彻底双水解反应（图3.24）：

$$Al^{3+} + 3HCO_3^- == Al(OH)_3\downarrow + 3CO_2\uparrow$$

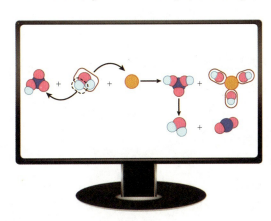

▶ 视频　Al^{3+}和HCO_3^-的彻底双水解反应｜图3.24

主编寄语

实际上是$Al^{3+} + 3HCO_3^- + 3H_2O == Al(OH)_3\downarrow + 3CO_2\uparrow + 3H_2O$，书写时可以这样考虑：$Al^{3+}$需要3个$OH^-$才能生成沉淀，因此需要3分子水，剩下3个$H^+$正好可以和3个$HCO_3^-$反应。

因此，如果阴、阳离子对应的酸、碱极弱，就很有可能发生彻底双水解。高中阶段，一般来说，Fe^{3+}和Al^{3+}遇弱酸根离子会发生彻底双水解。

（2）部分双水解

如果阴、阳离子对应的酸、碱不是特别弱，那么水解就不会进行彻底，是部分水解，水解方程式依然用"$\rightleftharpoons$"；但是水解程度肯定大于单水解，阴、阳离子的水解是相互促进的。例如，在醋酸铵溶液中发生了部分双水解反应（图3.25）：

$$CH_3COO^- + NH_4^+ + H_2O \rightleftharpoons CH_3COOH + NH_3 \cdot H_2O$$

CH_3COO^- 和 NH_4^+ 的部分双水解反应 | 图 3.25

在写双水解方程式时，有一个小技巧：由于左边有离子，右边是分子，所以直接从电荷守恒入手，把左边的电荷配平即可。

【例3.9】下列离子方程式分别如何书写？

① 氢氧化铁胶体的制备。

② $FeCl_3$与Na_2CO_3溶液混合。

③ NH_4Cl与Na_2CO_3溶液混合。

④ $AlCl_3$与Na_2S溶液混合。

⑤ $FeCl_3$与Na_2S溶液混合。

【解析】① $Fe^{3+} + 3H_2O \xrightarrow{\triangle} Fe(OH)_3(胶体) + 3H^+$。

② $2Fe^{3+} + 3CO_3^{2-} + 3H_2O = 2Fe(OH)_3\downarrow + 3CO_2\uparrow$。

③ $NH_4^+ + CO_3^{2-} + H_2O \rightleftharpoons NH_3 \cdot H_2O + HCO_3^-$。

④ $2Al^{3+} + 3S^{2-} + 6H_2O = 2Al(OH)_3\downarrow + 3H_2S\uparrow$。

⑤ $2Fe^{3+} + S^{2-} = 2Fe^{2+} + S\downarrow$。

> **主编寄语**
>
> 对于⑤，很多人可能会写成双水解，但需要注意的是，Fe^{3+}具有强氧化性，碰到还原剂会发生氧化还原反应。

3.4.2 离子水解平衡的影响因素

我们以醋酸钠在水溶液中的水解为例，$CH_3COO^-(aq) + H_2O(l) \rightleftharpoons CH_3COOH(aq) + OH^-(aq)$，在稀醋酸钠溶液中采取下列操作来探究其对醋酸钠水解的影响，如图3.26所示。

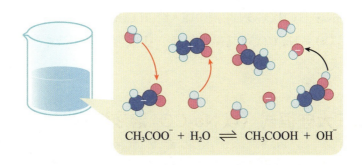

微件　醋酸钠水解平衡的影响因素｜图 3.26

四项指标的变化如表3.2所示。

表 3.2　四项指标的变化

	平衡移动方向	水解程度	pH	$c(CH_3COO^-)$
① 加水	右移	增大	降低	减小
② 加NaOH(s)	左移	减小	增大	增大
③ 加CH₃COONa(s)	右移	减小	增大	增大
④ 加Na₂CO₃(s)	左移	减小	增大	增大
⑤ 加热	右移	增大	减小	减小

产生变化的原因如下：

① 加水，增大了溶液的体积，平衡向着微粒浓度增大的方向移动，因此平衡右移，水解程度增大，且方程式中3个微粒浓度都降低。$c(OH^-)$降低，则$c(H^+)$增大，pH降低。

② 加NaOH，则电离出大量OH^-，水解平衡生成物浓度增大，平衡左移，水解程度降低，$c(CH_3COO^-)$增大。

③ 加CH₃COONa，则电离出大量CH_3COO^-，水解平衡反应物浓度增大，平衡右

移，水解程度降低（因为方程右边微粒数多）。

④ 加Na_2CO_3，则电离出大量CO_3^{2-}，CO_3^{2-}也水解产生OH^-，这样就和CH_3COO^-的水解形成了竞争关系，两者相互抑制，但溶液的$c(OH^-)$一定是提高的。

⑤ 由于水解是吸热过程，加热平衡右移，水解程度增大。

关于pH的变化，我们也有非常简单的方法，介绍如下：

① 加水：由于CH_3COONa是碱性物质，加水稀释，碱性不那么强了，pH降低。

② 加NaOH：往弱碱性物质里加强碱，碱性必然增强，pH增大。

③ 加CH_3COONa：往CH_3COONa溶液中加入纯CH_3COONa，则碱性增强，pH增大。

④ 加Na_2CO_3(s)：Na_2CO_3也是碱性物质，往碱性物质溶液中加入碱性物质，则碱性增强，pH增大。

3.4.3 三大守恒式（以 Na_2CO_3 溶液为例）

首先需要充分考虑水解和电离，将溶液中的所有微粒列出来，它们分别是Na^+、H^+、CO_3^{2-}、HCO_3^-、OH^-、H_2CO_3、H_2O。

1. 电荷守恒式

溶液中，正电荷总量等于负电荷总量。

$$c(Na^+) + c(H^+) = 2c(CO_3^{2-}) + c(HCO_3^-) + c(OH^-)$$

特点：正、负电荷分别列在等号左、右两边，且有相应的系数，例如，CO_3^{2-}前的系数2表示1个CO_3^{2-}带2个负电荷。

2. 物料守恒式

溶液中，除去H、O元素外，其余元素满足一定的比例关系。

例如，在Na_2CO_3溶液中，除去O元素外，我们发现，Na元素的量是C元素量的两倍，即

$$c(Na元素) = 2c(C元素)$$

再将溶液中Na元素的存在形式和C元素的存在形式代入，即可得到

$$c(Na^+) = 2[c(CO_3^{2-}) + c(HCO_3^-) + c(H_2CO_3)]$$

特点：含同一元素（H、O除外）的物种分别列在等号左、右两边。

3. 质子守恒式

溶液中，微粒得失质子数相等。

（1）参照系法（仅适用于单溶质溶液）

在Na_2CO_3溶液中，取CO_3^{2-}和水分子作为参照系，分析如下：

CO_3^{2-}得1个质子，生成HCO_3^-；

CO_3^{2-}得2个质子，生成H_2CO_3；

H_2O得1个质子，生成H_3O^+，即H^+；

H_2O失1个质子，生成OH^-。

根据质子守恒，得质子数等于失质子数，因此可列出如下等式：

$$c(OH^-) = c(H^+) + c(HCO_3^-) + 2c(H_2CO_3)$$

这就叫作质子守恒式，它是三大守恒式中相对比较难写的一个式子。下面再给大家提供一种更加普适的方法。

（2）联立法（适用于所有溶液）

联立电荷守恒式和质子守恒式，消去既不水解也不电离的离子，即得质子守恒式。比如在Na_2CO_3溶液中，既不水解也不电离的离子是Na^+（更准确地说，它是一个与得失质子毫无关系的离子），于是我们联立Na_2CO_3溶液中的电荷守恒式和物料守恒式，消去Na^+即可。

特点：等式中不含有既不电离又不水解的离子。

> **主编寄语**
>
> 我们经常会遇到一些判断离子浓度等式是否正确的习题，题中所给的各类等式一定是这三者之一，大家只要心中熟悉这三种式子的由来，耐心地在草稿纸上写出三大守恒式，就一定能判断出来。

3.4.4 溶液中微粒浓度大小的比较

在溶液中，水解或电离虽然会引起微粒浓度的改变，但组成溶质的离子或分子浓度最大。

【例3.10】比较CH_3COONa溶液中离子浓度大小。

【解析】溶质为CH_3COONa，则溶液中$c(Na^+)$与$c(CH_3COO^-)$一定排在前两位；而由于CH_3COO^-水解，离子浓度会降低，因此$c(Na^+) > c(CH_3COO^-)$；溶液中还有H^+和OH^-，由于CH_3COO^-水解消耗了H^+而留下了OH^-，因此$c(OH^-) > c(H^+)$。故离子浓度大小为$c(Na^+) > c(CH_3COO^-) > c(OH^-) > c(H^+)$。

【例3.11】比较NH_4Cl溶液中离子浓度大小。

【解析】溶质为NH_4Cl，则溶液中$c(NH_4^+)$与$c(Cl^-)$一定排在前两位；而由于NH_4^+水解，离子浓度会降低，因此$c(Cl^-) > c(NH_4^+)$；溶液中还有H^+和OH^-，由于NH_4^+水解消耗了OH^-而留下了H^+，因此$c(H^+) > c(OH^-)$。故离子浓度大小为$c(Cl^-) > c(NH_4^+) > c(H^+) > c(OH^-)$。

【例3.12】比较Na_2CO_3溶液中离子浓度大小。

【解析】溶质为Na_2CO_3，则溶液中$c(Na^+)$与$c(CO_3^{2-})$一定排在前两位；在化学式中，Na^+有2个，CO_3^{2-}只有1个，Na^+本来就多，因此$c(Na^+) > c(CO_3^{2-})$；再考虑CO_3^{2-}的水解，$CO_3^{2-} + H_2O \rightleftharpoons HCO_3^- + OH^-$，$HCO_3^- + H_2O \rightleftharpoons H_2CO_3 + OH^-$，第一级水解中，$HCO_3^-$和$OH^-$是1∶1的，但是由于$HCO_3^-$继续水解，有所消耗，加上水电离出的小部分$OH^-$，导致$c(OH^-) > c(HCO_3^-)$，最少的应该是$c(H^+)$，因此离子浓度大小为$c(Na^+) > c(CO_3^{2-}) > c(OH^-) > c(HCO_3^-) > c(H^+)$。

【例3.13】往20 mL、0.1 mol/L的CH_3COOH溶液中加入10 mL、0.1 mol/L的$NaOH$溶液，比较此时溶液中微粒浓度大小，已知$K_a(CH_3COOH) = 10^{-5}$。

【解析】经过计算可以发现，此时醋酸恰好被中和一半，形成共轭酸碱1∶1的混合溶液，即溶液中$c(CH_3COOH) = c(CH_3COONa)$。

根据溶质组成，$c(Na^+)$、$c(CH_3COO^-)$、$c(CH_3COOH)$排在前三位；CH_3COO^-水解，CH_3COOH电离，那么$c(CH_3COO^-)$和$c(CH_3COOH)$到底谁大呢？这就轮到K_a出场了。

CH_3COOH的电离程度用$K_a(CH_3COOH)$衡量，已知$K_a(CH_3COOH) = 10^{-5}$，电离呈酸性；

CH_3COO^-的水解程度用$K_h(CH_3COO^-)$衡量，水解呈碱性，而

$$K_a(\text{CH}_3\text{COOH}) \cdot K_h(\text{CH}_3\text{COO}^-)$$
$$= \frac{c(\text{CH}_3\text{COO}^-) \cdot c(\text{H}^+)}{c(\text{CH}_3\text{COOH})} \cdot \frac{c(\text{CH}_3\text{COOH}) \cdot c(\text{OH}^-)}{c(\text{CH}_3\text{COO}^-)}$$
$$= c(\text{H}^+) \cdot c(\text{OH}^-) = K_w$$

因此

$$K_h(\text{CH}_3\text{COO}^-) = \frac{K_w}{K_a(\text{CH}_3\text{COOH})} = 10^{-9} < K_a(\text{CH}_3\text{COOH})$$

也就是说，等浓度时，CH_3COOH 的电离程度比 CH_3COONa 的水解程度大，因此 $c(\text{CH}_3\text{COO}^-) > c(\text{CH}_3\text{COOH})$。

最后考虑 H^+ 和 OH^-，因为等浓度时，CH_3COOH 的电离程度比 CH_3COONa 的水解程度大，所以 CH_3COOH 的酸性比 CH_3COONa 的碱性强，溶液呈酸性，故 $c(\text{H}^+) > c(\text{OH}^-)$。

最后我们写出微粒浓度大小比较总式：

$$c(\text{CH}_3\text{COO}^-) > c(\text{Na}^+) > c(\text{CH}_3\text{COOH}) > c(\text{H}^+) > c(\text{OH}^-)$$

【例3.14】往20 mL、0.1 mol/L的 $\text{NH}_3\cdot\text{H}_2\text{O}$ 溶液中加入10 mL、0.1mol/L的HCl溶液，比较此时溶液中微粒浓度大小，已知 $K_b(\text{NH}_3\cdot\text{H}_2\text{O}) = 10^{-5}$。

【解析】经过计算可以发现，此时一水合氨恰好被中和一半，形成共轭酸碱1:1的混合溶液，即溶液中 $c(\text{NH}_3\cdot\text{H}_2\text{O}) = c(\text{NH}_4\text{Cl})$。

根据溶质组成，$c(\text{NH}_4^+)$、$c(\text{Cl}^-)$、$c(\text{NH}_3\cdot\text{H}_2\text{O})$ 排在前三位；NH_4^+ 水解，$\text{NH}_3\cdot\text{H}_2\text{O}$ 电离，那么 $c(\text{NH}_4^+)$ 和 $c(\text{NH}_3\cdot\text{H}_2\text{O})$ 到底谁大呢？这就轮到 K_b 出场了。

$\text{NH}_3\cdot\text{H}_2\text{O}$ 的电离程度用 $K_b(\text{NH}_3\cdot\text{H}_2\text{O})$ 衡量，已知 $K_b(\text{NH}_3\cdot\text{H}_2\text{O}) = 10^{-5}$，电离呈碱性；

NH_4^+ 的水解程度用 $K_h(\text{NH}_4^+)$ 衡量，水解呈酸性，而

$$K_h(\text{NH}_4^+) = \frac{K_w}{K_b(\text{NH}_3\cdot\text{H}_2\text{O})} = 10^{-9} < K_b(\text{NH}_3\cdot\text{H}_2\text{O})$$

也就是说，等浓度时，$\text{NH}_3\cdot\text{H}_2\text{O}$ 的电离程度比 NH_4Cl 的水解程度大，因此 $c(\text{NH}_4^+) > c(\text{NH}_3\cdot\text{H}_2\text{O})$。

最后考虑 H^+ 和 OH^-，因为等浓度时，$\text{NH}_3\cdot\text{H}_2\text{O}$ 的电离程度比 NH_4Cl 的水解程度大，所以 $\text{NH}_3\cdot\text{H}_2\text{O}$ 的碱性比 NH_4Cl 的酸性强，溶液呈碱性，故 $c(\text{H}^+) < c(\text{OH}^-)$。

最后我们写出微粒浓度大小比较总式：

$$c(NH_4^+) > c(Cl^-) > c(NH_3 \cdot H_2O) > c(OH^-) > c(H^+)$$

【例3.15】 $NaHCO_3$ 水溶液显什么性？为什么？已知 $K_{a1}(H_2CO_3) = 10^{-7}$，$K_{a2}(H_2CO_3) = 10^{-11}$。

【解析】 在 $NaHCO_3$ 溶液中，HCO_3^- 会电离，呈酸性；也会水解，呈碱性。那么到底溶液显什么性呢？这就要看 HCO_3^- 的电离程度和水解程度谁大谁小了。

HCO_3^- 的电离程度用 $K_a(HCO_3^-)$，即 $K_{a2}(H_2CO_3)$ 来衡量，值为 10^{-11}。

HCO_3^- 的水解程度用 $K_h(HCO_3^-)$ 来衡量，而

$$K_h(HCO_3^-) = \frac{K_w}{K_{a1}(H_2CO_3)} = 10^{-7} > K_a(HCO_3^-)$$

也就是说，HCO_3^- 的水解程度比电离程度要大，因此溶液呈碱性。如此分析，以下两个小问题也就迎刃而解了。

① $c(H_2CO_3)$ 与 $c(CO_3^{2-})$ 大小如何？

H_2CO_3 是 HCO_3^- 的水解产物，而 CO_3^{2-} 是 HCO_3^- 的电离产物，由于 HCO_3^- 的水解程度比电离程度要大，因此 $c(H_2CO_3) > c(CO_3^{2-})$。

② $NaHCO_3$ 溶液与纯水相比，水的电离程度变大还是变小？

HCO_3^- 的水解是促进水的电离的，而 HCO_3^- 的电离是抑制水的电离的。由于 HCO_3^- 的水解程度比电离程度要大，因此总体来说，其对水的电离是促进的，水的电离程度变大。

【例3.16】 $NaHSO_3$ 水溶液显什么性？为什么？已知 $K_{a1}(H_2SO_3) = 10^{-2}$，$K_{a2}(H_2SO_3) = 10^{-8}$。

【解析】 在 $NaHSO_3$ 溶液中，HSO_3^- 会电离，呈酸性；也会水解，呈碱性。那么到底溶液显什么性呢？这就要看 HSO_3^- 的电离程度和水解程度谁大谁小了。

HSO_3^- 的电离程度用 $K_a(HSO_3^-)$，即 $K_{a2}(H_2SO_3)$ 来衡量，值为 10^{-8}。

HSO_3^- 的水解程度用 $K_h(HSO_3^-)$ 来衡量，而

$$K_h(HSO_3^-) = \frac{K_w}{K_{a1}(H_2SO_3)} = 10^{-12} < K_a(HSO_3^-)$$

也就是说，HSO_3^- 的电离程度比水解程度要大，因此溶液呈酸性。如此分析，以下两个小问题也就迎刃而解了。

① $c(H_2SO_3)$ 与 $c(SO_3^{2-})$ 大小如何？

H_2SO_3 是 HSO_3^- 的水解产物，而 SO_3^{2-} 是 HSO_3^- 的电离产物，由于 HSO_3^- 的电离程度比

水解程度要大，因此$c(SO_3^{2-}) > c(H_2SO_3)$。

② $NaHSO_3$溶液与纯水相比，水的电离程度变大还是变小？

HSO_3^-的水解是促进水的电离的，而HSO_3^-的电离是抑制水的电离的。由于HSO_3^-的电离程度比水解程度要大，因此总体来说，其对水的电离是抑制的，水的电离程度变小。

【例3.17】比较等浓度的下列溶液中$c(NH_4^+)$的大小。

① NH_4Cl　　　　② $NH_3·H_2O$　　　　③ $(NH_4)_2CO_3$　　　　④ CH_3COONH_4
⑤ $(NH_4)_2SO_4$　　⑥ $NH_4Al(SO_4)_2$　　⑦ $(NH_4)_2Fe(SO_4)_2$

【解析】对于这类问题，有些同学一看就很头疼，感觉无从下手。其实，透彻理解离子的来源和相互影响后就不难了，我们分两步走：

第一步：将化学式中NH_4^+由多到少排序。我们说过，溶质微粒浓度最大，所以先不管水解电离的问题，毕竟水解或者电离都是微弱的，我们先按照化学式排序，可以把7个物质分成3个梯队。

第一梯队：③⑤⑦，它们的化学式中都含有2个NH_4^+。

第二梯队：①④⑥，它们的化学式中都含有1个NH_4^+。

第三梯队：②，它的化学式中没有NH_4^+。

第二步：在每个梯队中，观察其他离子对NH_4^+的水解有无影响。

第一梯队：③中的CO_3^{2-}和NH_4^+一起双水解，促进了NH_4^+的水解，导致NH_4^+浓度降低；

⑤中的SO_4^{2-}不水解，对NH_4^+的水解没有影响。

⑦中的Fe^{2+}水解也呈酸性，和NH_4^+的水解是竞争关系，抑制了NH_4^+的水解，导致NH_4^+的浓度升高。

据此，我们可以比较出第一梯队中NH_4^+的浓度大小：③ < ⑤ < ⑦。

第二梯队：④中的CH_3COO^-和NH_4^+一起双水解，促进了NH_4^+的水解，导致NH_4^+浓度降低；

①中的Cl^-不水解，对NH_4^+的水解没有影响。

⑥中的Al^{3+}水解也呈酸性，和NH_4^+的水解是竞争关系，抑制了NH_4^+的水解，导致NH_4^+的浓度升高。

据此，我们可以比较出第二梯队中NH_4^+的浓度大小：④ < ① < ⑥。

因此，等浓度的7种溶液中NH_4^+的浓度大小顺序为② < ④ < ① < ⑥ < ③ < ⑤ < ⑦。

【例3.18】已知$K_a(CH_3COOH) = 10^{-5}$，$K_a(HCN) = 10^{-10}$，则等浓度的CH_3COONa溶液和NaCN溶液中，谁的离子总浓度大？

【解析】若要比较离子总浓度，我们就要把所有的离子都列出来。

在CH_3COONa溶液中，有H^+、CH_3COO^-、OH^-、Na^+。

在NaCN溶液中，有H^+、CN^-、OH^-、Na^+。

两份溶液只有Na^+浓度是相同的，其他离子浓度均不同，我们该如何比较呢？

细心的同学应该可以发现，此时电荷守恒式可以派上用场。

由于在CH_3COONa溶液中有

$$c(Na^+) + c(H^+) = c(OH^-) + c(CH_3COO^-)$$

因此离子总浓度为

$$c(Na^+) + c(H^+) + c(OH^-) + c(CH_3COO^-) = 2[c(Na^+) + c(H^+)]$$

由于在NaCN溶液中有

$$c(Na^+) + c(H^+) = c(OH^-) + c(CN^-)$$

因此离子总浓度为

$$c(Na^+) + c(H^+) + c(OH^-) + c(CN^-) = 2[c(Na^+) + c(H^+)]$$

我们惊喜地发现，比到最后，再比较两份溶液中的H^+浓度，这就简单多了。因为CH_3COOH的酸性比HCN强，根据共轭酸碱理论，CN^-的碱性就比CH_3COO^-强，也就是说，CN^-溶液中H^+浓度更小，所以两份溶液的离子总浓度CH_3COOH的大。

3.4.5 盐类水解在生产生活中的应用

1. 纯碱去污

Na_2CO_3因其水溶液呈碱性而俗称"纯碱"。不溶于水的油脂在碱性较强的溶液中会水解成易溶于水的物质，从而可用水洗去。而Na_2CO_3的水溶液正好提供了合适的碱性，还可以用热的纯碱溶液，碱性更

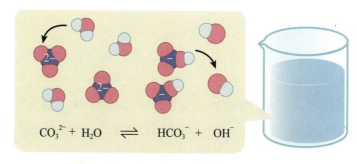

$$CO_3^{2-} + H_2O \rightleftharpoons HCO_3^- + OH^-$$

视频 碳酸根离子的水解 | 图 3.27

强一些，去污能力更好。相关原理为$CO_3^{2-} + H_2O \rightleftharpoons HCO_3^- + OH^-$（图3.27）。这里只需要写$CO_3^{2-}$的第一级水解即可，因为第一级水解程度远大于第二级水解程度。

2. 泡沫灭火器

泡沫灭火器能喷射出大量泡沫，它们黏附在可燃物上，使可燃物与空气隔绝，同时降低温度，破坏燃烧条件，从而达到灭火的目的。

泡沫灭火器的内部结构如图3.28所示，其喷出的是含有大量CO_2的泡沫，大胆猜测a、b两个罐中装的是什么？HCl和Na_2CO_3？其实不是，因为HCl腐蚀性太强，里面装的是$Al_2(SO_4)_3$和$NaHCO_3$。泡沫灭火器利用了彻底双水解原理：

$$Al^{3+} + 3HCO_3^- = Al(OH)_3\downarrow + 3CO_2\uparrow$$

该反应速度快，阻燃效果好。而且因为$NaHCO_3$溶解度较小，所以通常把$NaHCO_3$溶液装在外面的大罐中，而把呈酸性的$Al_2(SO_4)_3$溶液装在小罐中，同时这也避免了外面的罐体受到腐蚀。

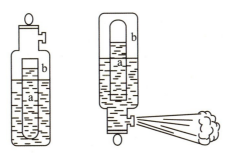

泡沫灭火器的内部结构｜图3.28

3. 无水盐的获取

【思考1】将$MgCl_2$溶液蒸干，能得到无水$MgCl_2$吗？为什么？

【解析】不能。因为Mg^{2+}会与水发生水解生成弱碱$Mg(OH)_2$，$MgCl_2$的水解方程式为$MgCl_2 + 2H_2O \rightleftharpoons Mg(OH)_2 + 2HCl$，在加热过程中，HCl挥发，导致平衡右移，所以直接蒸干后得到的是$Mg(OH)_2$。

我们总结了以下规律：

（1）难溶碱的盐酸盐、硝酸盐，直接蒸干，得到金属氢氧化物，再灼烧，得到金属氧化物。

（2）难溶碱的硫酸盐，直接蒸干，得到原溶质（因为水解产生H_2SO_4，难挥发）。

因此，将下列溶液在空气中直接蒸干、灼烧后的产物如表3.3所示。

表3.3　几种溶液在空气中直接蒸干、灼烧后的产物

溶液	蒸干产物	灼烧产物
$FeCl_3$	$Fe(OH)_3$	Fe_2O_3
$FeCl_2$	$Fe(OH)_2$，但极易被氧化	Fe_2O_3
Na_2SO_4	Na_2SO_4	Na_2SO_4
Na_2CO_3	Na_2CO_3	Na_2CO_3

【再思考】如何从$MgCl_2$溶液中获取无水$MgCl_2$？

【解析】想要获得$MgCl_2$，就必须抑制$MgCl_2$的水解。由于蒸发时HCl的挥发导致了水解平衡右移，所以我们将计就计，把HCl补上即可。下面给大家提供两类答案：

（1）由$MgCl_2$溶液获得$MgCl_2$晶体：将$MgCl_2$溶液在浓盐酸中蒸发浓缩，冷却结晶。

（2）由$MgCl_2$溶液获得无水$MgCl_2$：将$MgCl_2$溶液在HCl气氛中加热蒸发。

4. 某些溶液的配制

【思考2】如何配制$FeCl_3$溶液？

【解析】先将$FeCl_3$粉末溶于浓盐酸中，再加水稀释到相应的浓度，这样可以抑制Fe^{3+}的水解。

【思考3】$FeSO_4$溶液中常加入H_2SO_4和Fe粉，这是为什么？

【解析】加入H_2SO_4是为了抑制Fe^{2+}的水解，加入Fe是为了防止Fe^{2+}被氧化。实际上，H_2SO_4和Fe粉也会发生反应，但是反应很慢，不必担心反应完的问题。

3.5　难溶电解质的溶解平衡

正如之前所说，在$BaSO_4$悬浊液中存在着如下沉淀溶解平衡：

$$BaSO_4(s) \rightleftharpoons Ba^{2+}(aq) + SO_4^{2-}(aq)$$

其平衡常数表达式为$c(Ba^{2+}) \cdot c(SO_4^{2-})$，记作$K_{sp}$，叫作$BaSO_4$的溶度积。

K_{sp}的意义在于：对于结构相同的难溶物，我们可以直接通过比较其K_{sp}的大小来比较溶解性的大小；另外，K_{sp}对于我们计算离子浓度、判断溶液中是否有沉淀生成以及分析沉淀转化所需的条件也是非常有帮助的，下面我们一一来练习。

3.5.1 K_{sp}表达式的书写

$AgCl$：$K_{sp}(AgCl) = c(Ag^+) \cdot c(Cl^-)$

Ag_2S：$K_{sp}(Ag_2S) = c^2(Ag^+) \cdot c(S^{2-})$

$Fe(OH)_3$：$K_{sp}(Fe(OH)_3) = c(Fe^{3+}) \cdot c^3(OH^-)$

其他难溶物的K_{sp}表达式可以此类推。

3.5.2 生成沉淀的条件

如果溶液中Ba^{2+}和SO_4^{2-}的浓度都比较大，那么肯定会生成沉淀，这显然是一种定性的描述。

从定量角度分析两种离子的浓度，比较用K_{sp}表达式计算出的数值，如果比K_{sp}大，则会生成沉淀；如果比K_{sp}小，则不会生成沉淀。这类似于第2章化学平衡中Q_c与K的关系。

【例3.19】室温下，$K_{sp}(Fe(OH)_3) = 10^{-38}$，求使0.1 mol/L的$FeCl_3$溶液开始沉淀及刚好沉淀完全所需的pH（刚好沉淀完全时，视离子浓度为10^{-5} mol/L）。

【解析】由于

$$K_{sp}(Fe(OH)_3) = c(Fe^{3+}) \cdot c^3(OH^-) = 10^{-38}$$

因此

$$c(OH^-) = \sqrt[3]{\frac{10^{-38}}{c(Fe^{3+})}}$$

$$pH = -\lg c(H^+) = -\lg \frac{K_w}{c(OH^-)} = -\lg \frac{K_w}{\sqrt[3]{\frac{10^{-38}}{c(Fe^{3+})}}}$$

当Fe^{3+}刚刚开始沉淀时,将$c(Fe^{3+}) = 0.1$ mol/L代入上式,求得pH约为1.7;
当Fe^{3+}恰好沉淀完全时,将$c(Fe^{3+}) = 10^{-5}$ mol/L代入上式,求得pH约为3。
所以,当pH > 3时,Fe^{3+}沉淀完全。

这似乎与我们通常理解的要加大量的碱才能沉淀完金属离子不一样。实际上,Fe^{3+}在pH约为3时就能沉淀完全,这为我们除去溶液中的金属离子提供了一种新的思路。例如,现有MgO、FeO、Fe_2O_3的混合物,如何分离得到MgO?根据上述思路,可以先将混合物用酸溶解,再加入H_2O_2,把Fe^{2+}氧化成Fe^{3+},最后调节溶液的pH到3以上(不同习题中给出的Fe^{3+}完全沉淀所需的pH不太一样,需要注意题目所给的信息),这样Fe元素就可以沉淀完全了(图3.29)。

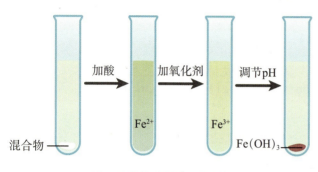

Fe 元素的沉淀 | 图 3.29

那么如何调节溶液的pH呢?加NaOH?理论上是可以的,但是由于这里调节pH比较精细,加强碱容易过量,而且引入了新杂质Na^+,因此我们可以加入含Mg元素的、能够和酸反应的一些物质,例如MgO、$Mg(OH)_2$、$MgCO_3$、$Mg_2(OH)_2CO_3$等,它们既能消耗H^+,使溶液的pH缓慢升高,又不会引入新的杂质,是个一举两得的方法。

【例3.20】室温下,$K_{sp}(PbI_2) = a$,将0.1 mol/L $Pb(NO_3)_2$ 溶液与一定浓度的 KI 溶液等体积混合,有沉淀生成,求KI溶液的最小浓度。

【解析】设KI溶液的浓度为x mol/L。溶液等体积混合后,所有离子浓度减半,即

$$c(I^-) = \frac{x}{2} \text{ mol/L}, \quad c(Pb^{2+}) = 0.05 \text{ mol/L}$$

若要求有沉淀,则

$$c(Pb^{2+}) \cdot c^2(I^-) = 0.05 \cdot \left(\frac{x}{2}\right)^2 \geq a$$

解出x即可。

这里要注意的就是溶液等体积混合后,浓度会减半。

3.5.3 溶解平衡的影响因素

以硫酸钡在水溶液中的沉淀平衡为例，$BaSO_4(s) \rightleftharpoons Ba^{2+}(aq) + SO_4^{2-}(aq)$，采取下列操作来探究其对硫酸钡沉淀平衡的影响，如图3.30所示。

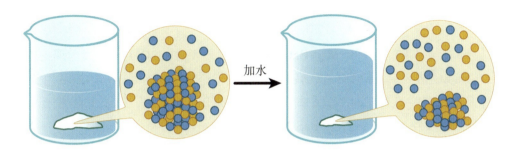

微件 硫酸钡溶解平衡的影响因素｜图 3.30

两项指标的变化如表3.4所示。

表 3.4　两项指标的变化

	平衡移动方向	$c(Ba^{2+})$
加水	向右	先减小后恢复原浓度
加$BaSO_4$固体	不移动	不变
加Na_2SO_4固体	左移	减小
加$BaCl_2$固体	左移	增大
加热	不确定	不确定

这里要做几点解释：

（1）加水后，溶液被稀释，$BaSO_4$继续溶解，平衡向右移动；可$c(Ba^{2+})$后来为何又恢复原浓度了呢？这是因为$BaSO_4$是难溶物，加水也溶不完，最终还是$BaSO_4$悬浊液，是饱和的，在一定温度下，饱和溶液的浓度是固定的，所以$c(Ba^{2+})$最终是不变的。

（2）加$BaSO_4$固体后平衡为何不移动呢？很显然，已经是饱和溶液，溶不进去了。

（3）加热后，平衡往哪边移动，为何不确定呢？这和物质的溶解度与温度的关系有关。如果升温，溶解度增大，则平衡右移；如果升温，溶解度减小，则平衡左移。这里并没有明确$BaSO_4$的溶解度随温度如何变化，所以也就不确定了。

3.5.4 沉淀的转化

沉淀之间的相互转化是工业上经常要利用的现象,我们来看几个例子。

【例3.21】室温下,$K_{sp}(BaCO_3) = 10^{-9}$,求碳酸钡悬浊液中的钡离子浓度。

【解析】$c(Ba^{2+}) = c(CO_3^{2-}) = \sqrt{K_{sp}(BaCO_3)} = 10^{-4.5}$ mol/L。

【例3.22】(1)室温下,$K_{sp}(BaCO_3) = 10^{-9}$,$K_{sp}(BaSO_4) = 10^{-10}$。现将$BaCO_3$浸泡在$Na_2SO_4$溶液中,要使$BaCO_3$转化为$BaSO_4$,则$Na_2SO_4$的最小初始浓度为多少?

【解析】牢牢抓住Q_c和K的关系,即若想生成$BaSO_4$沉淀,溶液中的离子浓度必须满足$c(Ba^{2+}) \cdot c(SO_4^{2-}) = K_{sp}(BaSO_4)$。

在$BaCO_3$悬浊液中,$c(Ba^{2+}) = 10^{-4.5}$ mol/L,代入上式,求得$c(SO_4^{2-}) = 10^{-5.5}$ mol/L,这就是Na_2SO_4溶液的最小初始浓度。

这个沉淀转化的过程用化学方程式表达可以写为

$$BaCO_3(s) + SO_4^{2-}(aq) \rightleftharpoons BaSO_4(s) + CO_3^{2-}(aq)$$

这叫作沉淀转化平衡,它的平衡常数为

$$K = \frac{c(CO_3^{2-})}{c(SO_4^{2-})} = \frac{c(CO_3^{2-}) \cdot c(Ba^{2+})}{c(SO_4^{2-}) \cdot c(Ba^{2+})} = \frac{K_{sp}(BaCO_3)}{K_{sp}(BaSO_4)}$$

(2)反过来,若将$BaSO_4$浸泡在Na_2CO_3溶液中,要使$BaSO_4$转化为$BaCO_3$,则Na_2CO_3溶液的最小初始浓度为多少?

【解析】牢牢抓住Q_c和K的关系,即若想生成$BaCO_3$沉淀,溶液中的离子浓度必须满足$c(Ba^{2+}) \cdot c(CO_3^{2-}) \geqslant K_{sp}(BaCO_3)$。

在$BaSO_4$悬浊液中,$c(Ba^{2+}) = 10^{-5}$ mol/L,代入上式,求得$c(CO_3^{2-}) \geqslant 10^{-4}$ mol/L,这就是Na_2CO_3溶液的最小初始浓度。

对比上述结果,我们发现,由$BaCO_3$转化为$BaSO_4$所需的转化剂浓度要比反过来转化时低一些,也就是说,由溶解度大的沉淀转化为溶解度较小的沉淀要相对容易一些。是的,沉淀趋向于向溶解度更小的方向转化。反过来转化也可以,但是转化剂浓度就要大一些。总之,若想生成某种沉淀,只要满足$Q_c > K_{sp}$即可。

【例3.23】已知AgCl(白)、AgI(黄),现往AgCl悬浊液中加入过量KI,白色沉淀转变为黄色,能否说明AgI的溶解度比AgCl更小?

【解析】不能。因为加入了过量的I^-,所以完全可以是由溶解度小的向溶解度大的转化,因此这种转化不能判断溶解度谁大谁小。

如果改为"少量KI",就可以说明AgI的溶解度比AgCl小。

【例3.24】已知AgCl(白)、AgBr(淡黄)、Ag_2CrO_4(红)的K_{sp}分别为10^{-8}、10^{-10}、10^{-12},现往含Cl^-、Br^-、CrO_4^{2-}均为0.1 mol/L的溶液中逐滴滴加$AgNO_3$溶液,请判断沉淀顺序。

【解析】0.1 mol/L的Cl^-、Br^-、CrO_4^{2-}生成沉淀所需的最小$c(Ag^+)$分别为

$$\frac{K_{sp}(AgCl)}{c(Cl^-)} = 10^{-7} \text{ mol/L}$$

$$\frac{K_{sp}(AgBr)}{c(Br^-)} = 10^{-9} \text{ mol/L}$$

$$\sqrt{\frac{K_{sp}(Ag_2CrO_4)}{c(CrO_4^{2-})}} = 10^{-5.5} \text{ mol/L}$$

由上可知,Br^-沉淀所需的Ag^+最少,因此沉淀顺序为Br^-、Cl^-、CrO_4^{2-}。

章末总结

知识图谱
Knowledge Graph

- 水溶液中的离子平衡
  - 水溶液中分子和离子的常见行为
    - 弱电解质的电离
    - 水的电离
    - 离子的水解
    - 难溶电解质的溶解平衡
  - 弱电解质的电离
    - 弱电解质
    - 电离平衡的影响因素
    - 关于溶液导电能力的讨论
    - 强酸、弱酸的对比
    - K_a 的应用
  - 水的电离和溶液的酸碱性
    - 几种 pH 计算的题型
    - 水的电离程度
    - 酸碱中和滴定及其推广应用
  - 盐类的水解
    - 水解方程式的书写
    - 离子水解平衡的影响因素
    - 三大守恒式（以 Na_2CO_3 溶液为例）
    - 溶液中微粒浓度大小的比较
    - 盐类水解在生产生活中的应用
  - 难溶电解质的溶解平衡
    - K_{sp} 表达式的书写
    - 生成沉淀的条件
    - 溶解平衡的影响因素
    - 沉淀的转化